黄金郷を彷徨(さまよ)う——アンデス考古学の半世紀
DEAMBULANTES en EL DORADO: Medio siglo de arqueología andina por los japoneses

先スペイン期の世界をさまよい歩いた日本人たちを "**deambulantes**" という語で表現することにした。
Hemos decidido usar el término "deambulantes" para referirnos a cómo los japoneses anduvieron deambulando en el pasado prehispánico.

黄金郷を彷徨う──アンデス考古学の半世紀

DEAMBULANTES en EL DORADO: Medio siglo de arqueología andina por los japoneses

Organizado por el Museo Universitario de la Universidad de Tokio (UMUT) ▼ Con la cooperación del Museo Latinoamericano de BIZEN, el Museo Amano, el Museo Kuntur Wasi y Little World Museum of Man ▼ Auspiciado por Newly Corporation, Japan Machupicchu Association y Chunichi Eiga-Sha Co. Ltd.

主催：東京大学総合研究博物館
協力：BIZEN中南米美術館、天野博物館、クントゥル・ワシ博物館、
　　　野外民族博物館リトルワールド
協賛：株式会社ニューリー、日本マチュピチュ協会、株式会社中日映画社

2015

『黄金郷を彷徨う—アンデス考古学の半世紀』展実行委員会

西野嘉章　東京大学総合研究博物館館長・インターメディアテク館長／鶴見英成　東京大学総合研究博物館研究部博物情報メディア研究系助教／大貫良夫　東京大学名誉教授・クントゥル・ワシ博物館館長・野外民族博物館リトルワールド館長・天野博物館友の会会長／森下矢須之　BIZEN 中南米美術館館長／天野ロサ美代子　天野博物館館長／野内セサル良郎　日本マチュピチュ協会副会長／稲村哲也　放送大学教養学部教授・天野博物館友の会副会長／尾塩 尚　天野博物館友の会副会長／関岡裕之　東京大学総合研究博物館インターメディアテク研究部門特任准教授／松本文夫　東京大学総合研究博物館ミュージアム・テクノロジー研究部門特任准教授／寺田鮎美　東京大学総合研究博物館インターメディアテク研究部門特任助教／松原 始　東京大学総合研究博物館インターメディアテク研究部門特任助教／菊池敏正　東京大学総合研究博物館インターメディアテク研究部門特任助教／大澤 啓　東京大学総合研究博物館インターメディアテク研究部門特任研究員／中坪啓人　東京大学総合研究博物館インターメディアテク研究部門特任研究員／上野恵理子　東京大学総合研究博物館インターメディアテク研究部門特任研究員

翻訳監修　アラン・クリスティアン・ハイメ・ラソ　ペルー、ピウラ大学／ダニエル・ダンテ・サウセード・セガミ　国立民族学博物館／野内セサル良郎　日本マチュピチュ協会／大澤 啓　東京大学総合研究博物館

Comité de organización de exhibición "Deambulantes en El Dorado: medio siglo de arqueología andina por los japoneses"

Yoshiaki Nishino / director, UMUT ▶ Eisei Tsurumi / profesor auxiliar, UMUT ▶ Yoshio Onuki / profesor emérito de la Universidad de Tokio, director del Museo Kuntur Wasi, director de Little World Museum of Man y presidente de la Asociación Nippo-Peruana Amigos de Museo Amano ▶ Yasuyuki Morishita / director del Museo Latinoamericano de BIZEN ▶ Rosa Miyoko de Amano / directora del Museo Amano ▶ Cesar Yoshiro Nouchi / vicepresidente de Japan Machupicchu Association ▶ Tetsuya Inamura / profesor de Open University of Japan y vicepresidente de la Asociación Nippo-Peruana Amigos de Museo Amano ▶ Hisashi Oshio / vicepresidente de la Asociación Nippo-Peruana Amigos de Museo Amano ▶ Hiroyuki Sekioka / profesor especial adjunto asociado, departamento de Intermediatheque, UMUT ▶ Fumio Matsumoto / profesor especial adjunto asociado, departamento de Museum Technology, UMUT ▶ Ayumi Terada / profesora especial adjunta auxiliar, departamento de Intermediatheque, UMUT ▶ Hajime Matsubara / profesor especial adjunto auxiliar, departamento de Intermediatheque, UMUT ▶ Toshimasa Kikuchi / profesor especial adjunto auxiliar, departamento de Intermediatheque, UMUT ▶ Kei Osawa / investigador especial adjunto, departamento de Intermediatheque, UMUT ▶ Hiroto Nakatsubo / investigador especial adjunto, departamento de Intermediatheque, UMUT ▶ Eriko Ueno / investigadora especial adjunta, departamento de Intermediatheque, UMUT

Supervisores de traducción：Alan Christian Jaime Lazo / Universidad de Piura, Perú ▶ Daniel Dante Saucedo Segami / Museo Nacional de Etnología ▶ Cesar Yoshiro Nouchi / Japan Machupicchu Association ▶ Kei Osawa / UMUT

Índice	目次	
Presentación	ごあいさつ	6
Deambulantes en El Dorado	**黄金郷を彷徨う**	**8**
El microcosmos en el extremo del mundo	最果てのミクロコスモス	9
Yoshitaro Amano y Chancay	天野芳太郎とチャンカイ	11
Yokichi Nouchi y Machu Picchu	野内与吉とマチュピチュ	14
Seiichi Morishita y Hinase	森下精一と日生	17
Seiichi Izumi y Huánuco	泉靖一とワヌコ	19
Kazuo Terada y Cajamarca	寺田和夫とカハマルカ	23
Palabras finales: el camino hacia El Dorado	むすびに：黄金郷への道	26
Catálogo de piezas	**展示品解説**	**30**
Arquitectura monumental	大規模建築	31
Objetos de metal	金属器	38
Cerámica	土器	56
Textiles	織物	114
Excavaciones por arqueólogos japoneses	**日本人考古学者の発掘調査**	**138**
Notas	註	146
Referencia (en japonés)	和文文献リスト	148

凡例
- 本文中における人物の所属機関は最新もしくは最終の情報としている。
- 記載は、資料名および（オリジナルの）製作地／（オリジナルの）製作年代・文化期／サイズ／所蔵の順とした。
- サイズの単位はミリメートルとした。
- 解説は東京大学総合研究博物館の鶴見英成が担当した。織物の観察と記述は幅弘恵・澤田麗子・西沢弘恵（東京大学総合研究博物館研究事業協力者）・瀬尾有紀（ペルー国立人類・生物多様性・農業・食料博物館）の協力を得た。

Notas sobre la edición
- La filiación de personas mencionadas en el texto es la información más actualizada al momento de la publicación.
- La descripción de las muestras ha sido descrita en el siguiente orden: denominación del material / lugar original de elaboración (de la pieza original) / época de elaboración (de la pieza original) / dimensiones / procedencia.
- Las dimensiones correspondientes se encuentran indicadas en milímetros.
- Los comentarios sobre los materiales han sido escritos por Eisei Tsurumi (UMUT). Colaboraron con la observación y descripción de textiles Harue Haba, Reiko Sawada, Hiroe Nishizawa (UMUT) y Yuki Seo (Museo Nacional de Antropología, Biodiversidad, Agricultura y Alimentación de la UNALM).

ごあいさつ

　東京大学は 1956 年に始められたイラク・イラン遺跡調査を皮切りに、アンデス地帯学術調査、インド・ヒマラヤ植物調査、西アジア更新世人類遺跡調査、シリア地溝帯学術調査など、世界各地に大規模な学術調査隊を派遣してきた。現地でフィールドワークをおこない、膨大な量の標本や資料を国内へ持ち帰る。そうした活動を通じて得られた一次資料は、出自来歴について紛れがなく、それらを基にした研究もまた正攻法の学術と見なされる。当該分野において、東京大学の果たした功績は大きい。

　もっとも、今日では、フィールド調査に裏づけられた研究が以前ほど容易でなくなった。自然遺産や考古遺物は、学術研究分野においてさえ、収集や移動が難しくなっているからである。そのため、学術調査団が現地で収集し、帰国後、営々と調査し、分類し、記載し、収蔵庫に架蔵を続けてきた一次資料の集合体すなわち、東京大学コレクションの学術資源的な価値は従前にも増して大きなものとなった。いまや学術標本の重畳する収蔵庫でフィールドワークがなされる時代なのである。

　思えば、調査団派遣地域の選択にも瞠目すべきものがあった。人類や自然相や文明の古層を地中深くに秘めているのではないか、そのように考えられる地域に白羽の矢が立てられているからである。これこそ先達たちの慧眼と言うべきか。文明や自然の揺籃とされる地域はいずれもそうしたものなのであろうが、表面を覆っている「ベール」を剥ぐと、その下にいまだ誰も眼にしたことのない、前時代の遺物が眠っている。学術研究に携わる研究者は、まさにそれを眼にする瞬間に身を置きたいと欲し、学問へ不断の情熱を燃やし続けているのである。1958 年に文化人類学者・泉靖一が組織した東京大学アンデス調査団の調査活動は、すでに半世紀あまりになろうとしている。現地調査に参加する研究者もまた 4 世代以上に亘っている。世代を交替しつつも、調査隊は南米ペルーの各地で古層の発掘を続け、貴重な遺物や遺跡の発掘において、目覚ましい成果を上げてきた。たしかにペルーの文化と言えばインカ帝国の遺産があまりにも有名であるが、東京大学の調査隊はインカ帝国の遺産のはるか下層に眠る、国家成立に先立つ時代の文明様態の発掘と研究において業績を重ねてきた。この功績は世界的に見ても傑出している。

　なかでも、アンデスの文明史において、紀元前 3000 年頃からあと、早期・前期・中期・後期・末期の 5 期 3000 年に亘る「形成期」の文明様態の解明において、調査団の果たした役割は大きい。ペルー北部山地に位置するクントゥル・ワシの遺跡から発掘された宝飾品類（紀元前約 800 年）は、両アメリカ大陸で見つかった黄金製装身具として最古のものであり、それを 1000 年以上遡るコトシュ遺跡で発見された「交差した手の神殿」は、土器の導入に先行する形成期早期（古期末期）の神殿造営活動の実態を解明する上で、かけがえのない調査サイトとなっている。調査と研究の積み重ねから、古代のペルーに偉大なる文明の存在したことが、少しずつ明らかになってきたのである。メソポタミア、インダス、エジプト、中国を「四大文明」とする古代文明観はいまや過去のものとなった、そのように言っても過言でない。「形成期」の土器や金製宝飾品、さらにそれ以後の古代裂の遺品に認められる超絶的な技巧は、スペイン人到来以前のペルーに、驚くほど高度な文明の存在したことを物語って余りあるからである。

　本展は東京大学アンデス調査団結成からすでに半世紀あまりの歳月を経たことを記して開催されるものであり、総合研究博物館の特別展示としては 1994 年 6 月の「文明の創造力──古代アンデスの造形芸術」以来、20 年ぶりのアンデス文明展となる。本展の実現にあたっては、天野博物館、クントゥル・ワシ博物館、野外民族博物館リトルワールドをはじめ多くの機関・関係者の方々からご支援、ご協力を賜った。とくに貴重な考古遺産の出品を御承諾下さった BIZEN 中南米美術館の関係各位、なかでも館長森下矢須之氏に対し、ここに記して御礼を申し上げたい。

2015 年
西野嘉章
東京大学総合研究博物館長／インターメディアテク館長

Presentación

Después de la expedición arqueológica a Irak e Irán en 1956, la Universidad de Tokio ha enviado expediciones científicas de gran escala a todo el mundo, como la expedición científica a los Andes, las expediciones botánicas a India e Himalaya, la expedición arqueológica pleistocena al Oeste Asiático y expedición científica a Siria. Se realizaron trabajos de campo en el extranjero y se trajeron bastantes muestras y materiales a Japón. Los objetos extraídos por tales investigaciones se han constituido en la fuente primaria de información veraz y han considerado como origen de estudio empleando una táctica franca. En estos campos las contribuciones de la Universidad de Tokio son distinguidas.

Sin embargo, hoy en día estudios basados en investigaciones de campo no son tan sencillas como antes. La colección y traslado de patrimonios naturales y arqueológicos son más restringidos que en aquella época, a pesar de tener objetivos de investigación científica. Por eso la colección de la Universidad de Tokio, se caracteriza por un conjunto de materiales primarios recolectado en sitios de misiones científicas, examinado, clasificado, descrito continuamente en Japón y finalmente almacenado en depósitos cuyo valor como recurso científico ha sido valorado. En esta época el trabajo de campo se realiza dentro de gabinetes en donde muestras científicas se están apilando.

Si reflexionamos sobre el pasado, cabe señalar que la selección de sitios de expediciones merece una atención especial. Precisamente en esas áreas se consideraba que yacían los vestigios antiguos de la naturaleza, el origen de hombre y la civilización, los cuales aún permanecen profundamente ocultos. Habría que decir que esa fue la habilidad de nuestros precursores. Es seguro que en todas las zonas consideradas como la cuna de civilización o del mundo, al develar su naturaleza aparecen restos de periodos anteriores que nadie había visto. Los estudiosos dedicados a la investigación científica precisamente desean atestiguar el descubrimiento de estos objetos y así mantienen la pasión por este estudio.

La Misión Arqueológica de la Universidad de Tokio fundada por el antropólogo cultural Seiichi Izumi en 1958 ha sabido continuar tales investigaciones por más de medio siglo. Los investigadores participantes en estos trabajos en campo ya cuentan cuatro generaciones o más. A pesar del cambio generacional, la Misión ha realizado varias excavaciones en diversas regiones del Perú y obtenido grandes resultados con el descubrimiento de materiales y sitios apreciables. Es cierto que en cuanto a las antiguas culturas del Perú el patrimonio del Imperio Inca es el más conocido, sin embargo, el equipo de la Universidad de Tokio ha acumulado muestras y desarrollado corrientes teóricas a partir de excavaciones sobre aspectos de la civilización del periodo previo a la formación de estados. Este Periodo Formativo aún por descubrir precede en gran medida el patrimonio del Imperio Inca. Por lo tanto, las contribuciones de este equipo son sobresalientes aun a nivel mundial.

Especialmente el aporte de la Misión es destacable por aclarar varios aspectos del Periodo Formativo que abarca aproximadamente tres mil años en el proceso histórico de la civilización desde el año 3000 a.C., conformado por el Periodo Formativo Inicial, el Temprano, el Medio, el Tardío y el Final. Las muestras ornamentales recuperadas del sitio Kuntur Wasi (aproximadamente 800 a.C.) ubicado en la sierra norte del Perú representan los accesorios de oro más antiguos de América. El Templo de las Manos Cruzadas descubierto en Kotosh, que fecha más de mil años antes que Kuntur Wasi, es un sitio indispensable para explicar la práctica constructiva de centros ceremoniales durante el Periodo Formativo Inicial (Periodo Arcaico Final) que precede a la introducción de la cerámica. Gracias a los logros de expediciones y estudios acumulados se ha aclarado gradualmente la grandeza de la civilización antigua del Perú. No es mucho decir que la visión de las civilizaciones antiguas sobre la base del concepto de "cuatro grandes civilizaciones" constituida por Mesopotamia, valle del Indo, Egipto y China, es anticuada. La técnica sobresaliente para hacer cerámica y ornamentos de oro del Periodo Formativo, y los restos de tejidos antiguos de periodos posteriores dan a entender la existencia de una civilización sorprendentemente avanzada en el Perú para la época precolombina.

La actual exhibición especial conmemora el paso de un poco más de medio siglo desde el establecimiento de la Misión Arqueológica de la Universidad de Tokio y es la primera exhibición especial sobre la Civilización Andina realizada por el UMUT a veinte años de la exhibición "Creatividad de civilización: arte de Andes prehispánico". Para la organización de esta exhibición se ha contado con el apoyo y colaboración de numerosas instituciones y aliados como el Museo Amano, el Museo Kuntur Wasi o Little World Museum of Man. De manera especial queremos agradecer al Museo Latinoamericano de BIZEN y al Sr. director Yasuyuki Morishita que gentilmente ha cedido en préstamo patrimonios arqueológicos tan preciosos.

2015
Yoshiaki Nishino
Director, UMUT/Intermediatheque

黄金郷を彷徨う　　鶴見英成　大貫良夫　野内セサル良郎

DEAMBULANTES en El DORADO
Medio siglo de arqueología andina por los japoneses

Deambulantes en El Dorado
Eisei Tsurumi, Yoshio Onuki y Cesar Yoshiro Nouchi

最果てのミクロコスモス

　始祖の地アフリカからユーラシアへと歩み出したホモ・サピエンス、そのごく一部が酷寒のベーリング地峡を渡って北アメリカへ、さらに幅わずか64kmのパナマ地峡を踏み越えて南アメリカに到達した。紀元前9000年頃のことである。人間には、自身のルーツを知りたがる性状がある。ユーラシア東端に踏みとどまったわれわれ日本人の多くにとって、まず関心を引くのはそこに至るまでのアフリカやアジアの歴史であり、また近代化にあたって多大な影響を与えたヨーロッパ世界の歩みであろう。ともすれば、そこまでをたどれば一応の満足が得られてしまうかもしれない。しかし、はるか昔にその先へと進んで行った同胞たちが、太平洋の向こう側で何を成し遂げたのか、それはそれで単純に好奇心をそそる話ではないだろうか。

　両アメリカ大陸には二つの古代文明が開化した。北アメリカ大陸南部の、マヤ文明やアステカ文明などの総称としてのメソアメリカ文明と、南アメリカ大陸太平洋岸のアンデス文明である。地球儀の上では近接して見えるが、赤道を挟んで遠く離れており、両者の間に直接的な交流はなかったと考えて良い。しばしば両者が混同されるのは、中南米という地理的、もしくはラテンアメリカという文化的枠組みによるところもあろうが、何より両者への関心が低いのがそもそもの原因であろう。16世紀、メソアメリカのアステカ帝国とアンデスのインカ帝国はヨーロッパ世界の前に敗北した。敗者ゆえにその文明の偉大さが過小評価されてしまったことは間違いない。しかし研究の進展に伴い、両アメリカ大陸にはきわめて多くの人口を抱え、複雑に組織化された社会が、非常に長い年代に及んで繁栄していたことが明らかになってきている。それらを除外して、人類の歴史を包括的に理解することはできないのは当然である。平成25年度より、高等学校の世界史教科書から「四大文明」の語が消えた。人類史における文明の起源はアフリカ大陸・ユーラシア大陸だけでないということが、ようやく我が国においても常識となっていくであろう。

　アンデス文明が展開したのは現在のペルーを中心として、エクアドル南部からチリ北部とボリビア北部にかけての中央アンデスと呼ばれる地域である。赤道に近く、標高6000mの山岳まで有する標高差に富んだ「熱帯高地」であり、かつ太平洋に接している。魚影の濃い海洋、不毛の砂漠、肥沃な河川流域、寒冷な高地、そして高温湿潤のジャングルまで、この限られた地域に地球上のあらゆる気候が集約されているとも評される。近代以降多くの人命を飢えから救ったジャガイモ、飼料として現代の畜産を支えるアンチョベータ（ペルーカタクチイワシ）など、世界的に重要な植物資源や海産資源を多く産出した土地でもある。長い旅の末

El microcosmos en el extremo del mundo

　En un comienzo, el homo sapiens salió del continente africano para internarse en Eurasia, y luego unos grupos muy pequeños migraron al continente norteamericano por el Estrecho de Bering con un frío riguroso. Con el tiempo algunos descendientes suyos cruzaron el Istmo de Panamá, cuya anchura solo mide 64 km, para llegar al continente sudamericano. Este suceso ocurrió aproximadamente en el año 9000 a.C. En términos generales, a cualquier hombre le interesan sus orígenes. A nosotros los japoneses que nos quedamos en el extremo este de Eurasia nos interesa sobre todo la historia de África y Asia, pues así fue el devenir de nuestros antepasados. Además, la historia de Europa nos influenció fuertemente durante la modernización. Ahora los japoneses nos sentimos satisfechos al conocer nuestra historia. Sin embargo, la hazaña realizada al otro lado del Océano Pacífico por nuestros parientes lejanos y antiguos que se aventuraron más allá sin mucho esfuerzo despierta nuestra curiosidad.

　En América florecieron dos civilizaciones antiguas. Una es la Civilización Mesoamericana, un conjunto de varias culturas incluyendo la Civilización Maya y la Azteca en el sur de continente norteamericano. La otra es la Civilización Andina en la parte occidental del continente sudamericano. Aunque mantienen cierta vecindad en globo terráqueo, se ubican de manera separada por el ecuador y cabe decir que no sucedieron intercambios directos entre ellas. Las dos suelen ser confundidas a causa del marco geográfico de "*Chunanbei* (Centroamérica y Sudamérica)", y del marco cultural de "Latinoamérica", pero sobre todo por falta de interés. En el siglo XVI el Imperio Azteca de Mesoamérica y el Imperio Inca de los Andes fueron vencidos por el mundo europeo. Es seguro que la grandeza de las civilizaciones americanas ha sido subestimada por ser las perdedoras. Sin embargo, con los avances de investigaciones se ha aclarado que en ambos continentes florecieron sociedades complejamente organizadas de gran población y a largo plazo. Evidentemente, no se puede comprender la historia humana si se excluyen las culturas americanas. A partir del año académico 2013 en las preparatorias la expresión "cuatro grandes civilizaciones" ha desaparecido de los textos de historia universal. Finalmente, los orígenes de la civilización humana ya no serán situados exclusivamente en los continentes de África y Eurasia. Esto va a ser un nuevo saber común en nuestro país.

　La zona donde floreció la Civilización Andina se denomina Andes Centrales y corresponde al Perú, la parte sur de Ecuador, y las partes norte de Bolivia y Chile. Es una "sierra tropical" situada cerca de la línea ecuatorial y presenta un terreno montañoso con nevados que alcanzan los 6000 m.s.n.m., y colinda con el Océano Pacífico. Debido al mar de riqueza ictiológica, el desierto costeño improductivo, los valles fértiles, el altiplano frío y la selva con cálida y húmeda, se dice que en esta zona restringida se concentra toda la variedad de climas de la Tierra. Los Andes han sido el origen de recursos botánicos y marinos que cumplen un papel importante a nivel mundial, por ejemplo, la papa salvó muchas vidas desde la época moderna y la anchoveta sostiene la ganadería actual como alimento para animales. Al final de ese largo viaje los hombres llegaron a este jardín en miniatura y desarrollaron sus propias civilizaciones sin comunicarse con otros continentes. La civilización de este microcosmos significa un experimento para la historia humana. Cuando la profundizamos científicamente podemos encontrar varias características que nos obligan a cambiar idea sobre tales civilizaciones tempranas. Al respecto, la formación de una civilización no requiere de grandes ríos con tierras fértiles,

にそんな箱庭に辿りついた人類は、他の地域と交流を持たずに独自に文明を築きあげた。このミクロコスモスにおける文明史は、すなわち地球環境下における人類史の再現実験場である。掘り下げてみると、古代文明観を新たにするようなさまざまな特徴が見えてくる。文明の形成過程において、沃土に富んだ大河は、穀類は、家畜のミルクは、文字システムは必ずしも要らない、しかし計数システムは要る…といった具合に。そしてまた建築、金属器、土器、織物などにおいて、きわめて洗練された美術を発展させたことも見逃せない。古代アンデス人たちが独自の感性で環境と向き合い、手探りで信仰や世界観を構築し、それをゼロから鍛え上げて形にしたモノたちである。

「黄金郷」と和訳されるエル・ドラードとは本来、中央アンデス地域やペルーを指す語ではない。現在のコロンビアで征服者たちが、金粉を全身に塗ったムイスカ族の首長のことを聞き、やがてそれが歪曲されて、どこかに黄金に満ちた「黄金郷」があるという伝説が生まれたのである。数々の征服者が冒険に乗り出して身を滅ぼしていったが、彼らを駆り立てたのは単純に欲だけではないだろう。想像を絶するほどの美しい光景が見たい、この手で謎を解きたい、といった好奇心もまた原動力であったはずである。では近現代の日本に生まれた者が、遺跡や遺物を通して、まるで文化的土壌の異なる古代アンデス世界を垣間見るとどうなるだろうか。目がくらみ、迷い込み、彷徨った末に帰れなくなる者が出てくる。ある者はその造形美術の巧みさに、ある者はその人類史上のユニークさに、そしてある者はその風土を愛してやまず、研究や収集や地域振興に生涯を捧げた日本人たちがいた。実業家としてペルーで活躍する中で古代史に惹かれ、自身で収集と研究を重ね、多くの日本人に道を開いた天野芳太郎（1898-1982）*1。地元の初代村長として、世界遺産マチュピチュ遺跡の隆盛の礎を築いた日系移民・野内与吉（1895-1969）*2。商用旅行先で出会った未知なる文明の美に衝撃を受け、日本国内に中南米美術の一大コレクションを作り上げた森下精一（1904-1978）*3。そして日本で初めて新大陸考古学に着手し、今日へとつながる後進の教育につとめた東京大学の泉靖一（1915-1970）*4 や寺田和夫（1928-1987）*5 らの研究者たちである。

踏み込めば抜け出せなくなる黄金郷、それが古代アンデスである。本展はアンデス美術の名品や学術標本を一堂に集め、不帰の客となった彼らの物語と、これまで半世紀あまりにおよぶ日本人による考古学的貢献 *6、そして今後の展望を紹介する。

cereales, leche de animales domesticados, sistemas de escritura, pero sí de numeración. También merece atención el desarrollo del arte plasmado en la arquitectura, objetos de metal, cerámica y textiles. Son manufacturas creadas desde cero que encarnan la religión y cosmología construidas por los andinos antiguos que enfrentaron el contexto con su propia sensibilidad.

"El Dorado" que es un término traducido como "*ogon kyo* (la tierra de oro)" en japonés originalmente no menciona a los Andes Centrales ni Perú. En la actual Colombia los conquistadores oyeron de un cacique procedente de Muisca que ceremonialmente tenía el cuerpo cubierto con polvo de oro. Inmediatamente, este tema fue mistificado y dio origen a la leyenda de un país abundante en oro que existía en algún lugar. Varios conquistadores emprendieron aventuras y fracasaron. Posiblemente ellos estuvieron animados por la avaricia, pero esto no pudo ser el único motivo. Hay que señalar que la curiosidad, por ejemplo, de contemplar escenas increíblemente hermosas o de descifrar misterios por su propia cuenta, también fue otra motivación. A propósito, ¿qué pasaría si un japonés actual entreviera a través de restos arqueológicos el mundo andino prehispánico sobre la base de un trasfondo cultural diferente al suyo? De ese modo, algunos quedaron deslumbrados con ese resplandor dorado, se adentraron extraviados, deambularon y perdieron de vista la salida. Así, Yoshitaro Amano (1898-1982)*1 fue atraído por la cultura prehispánica cuando desarrollaba sus actividades industriales en el Perú. En aquel entonces comenzó a coleccionar y estudiar restos arqueológicos, y también a abrir camino para varios de sus paisanos. Yokichi Nouchi (1895-1969)*2, inmigrante japonés establecido, contribuyó a fundar el desarrollo básico de Machu Picchu (patrimonio de la humanidad), en calidad de primer alcalde de la comunidad local. También, Seiichi Morishita (1904-1978)*3 quedó sorprendido por la hermosura de esta civilización antes desconocida para él durante un viaje de negocios. Después formó una gran colección de arte latinoamericano en Japón. Por último, investigadores de la Universidad de Tokio como Seiichi Izumi (1915-1970)*4 y Kazuo Terada (1928-1987)*5 iniciaron la arqueología americana en Japón e hicieron esfuerzo de establecer una academia que resultó formando sucesivamente nuevas generaciones hasta hoy.

El mundo andino prehispánico es como El Dorado que no permite a sus visitantes distanciarse. Por eso en la presente exposición exhibiremos piezas estupendas y muestras científicas en nuestra sala, presentando las historias de aquellos japoneses que viajaron y ya no se encuentran entre nosotros, las contribuciones arqueológicas japonesas durante este último medio siglo*6, y futuras perspectivas en este campo.

天野芳太郎とチャンカイ

　美術に淫してはならない、あくまでも愛好しつつ研究する、むしろ研究しつつ愛好するという線でいきたいと思い、その線は今まで貫いているつもりです。（天野芳太郎 1975「私とペルー古代文明」『インカ文明とミイラ展』P.13）*7

　天野芳太郎は1898年7月2日秋田県南秋田郡脇本村（現・男鹿市）脇本に生を享けた。長じて神奈川県で技師としてポンプやエンジンの設計開発、およびセールスを手がけるが、関東大震災によってその基盤を失う。復興の中、横浜で子育饅頭の事業を起こすが、20代のその頃から海外雄飛の夢を抱き、行くなら南米ペルーのリマであると吐露することもあった。1928年ついにアフリカの希望峰まわりで南米に渡り、新旧の日本人と組みながらパナマに落ち着いて天野商会なる輸入商売を始めた。天野は生来の歴史好きのせいで、商人でありながらトロイ遺跡を発掘したハインリッヒ・シュリーマンの生涯に憧憬を抱いていた。中南米の先史文化やスペイン人による征服の顛末に関心を持つうちに、1935年パナマの図書館でイェール大学教授ハイラム・ビンガムの著作と出会う。1911年の「マチュピチュ発見」そして翌年の発掘成果に感動した天野は、翌日にはペルーへ飛んでいた。そして後述のようにマチュピチュ村で野内与吉と出会い、ともに1週間マチュピチュ遺跡を歩き回り、のちに日本で初めてのマチュピチュ紹介となった随筆「マチュピチュ物語」*8 を書いている。コスタリカで漁業、チリで農場、ペルーで金融業など、各国で異なる業種の事業を展開する「一国一業」の実業家として着実に地位を固めながらも、天野の脳裏から古代アメリカの文明への興味が尽きることはなかった。

　しかし1941年日米開戦の日に敵国の危険人物とみなされてパナマで逮捕され、財の大半を失う。そして翌年米国本土の収容所に送られ、3ヶ月の後、交換船で日本に強制送還された*9。戦後になって南米に戻ることを画策し、危険を冒しながら1951年念願のペルー入りを果たす。そしてまず魚粉会社、続いて漁網会社を起こして実業界でふたたび活躍するが、そのかたわら古代アンデス文明へと傾斜してゆき、休日は遺跡めぐりと遺物の収集と研究に没頭するようになった。天野が注目したのはリマ市の北およそ100kmのところにあるチャンカイ谷である。そこにはインカ帝国の少し前に栄えたチャンカイ文化の遺跡が多く、また当時の人々の墓地がいくつもあった。乾燥した気候のせいで死者を包んだ織物などの染織品がよく保存されていて盗掘の対象になっていた。ただし収集家の多くはそれよりもっと古い時代の織物や土器を好むため、チャンカイの

Yoshitaro Amano y Chancay

　Uno no debe obsesionarse con el arte; me gustaría estudiarlo a intervalos mientras lo aprecio o, más bien, apreciarlo a intervalos mientras lo estudio, y creo que he cumplido este principio hasta hoy. (Amano 1975 p.13)*7

　Yoshitaro Amano nace el 2 de julio de 1898 en Wakimoto, pueblo de Wakimoto, distrito de Minamiakita (actualmente parte de la ciudad de Oga), prefectura de Akita. Llegó a hacerse ingeniero en la prefectura de Kanagawa, diseñando, creando y vendiendo aparatos como bombas de agua y motores, pero el Gran terremoto de Kanto convirtió en cenizas su trabajo. En el proceso de reconstrucción de la ciudad de Yokohama, Amano fundó un pequeño negocio de *kosodate manju* (tienda de golosinas), pero al mismo tiempo comenzó a soñar con extender sus actividades al extranjero, lo cual era un sueño que tenía desde la edad de 20 años, y de vez en cuando imaginaba que si viajaría a Sudamérica le gustaría ir sobre todo a Lima, Perú. En el año 1928 finalmente viaja a Sudamérica pasando por el Cabo de Buena Esperanza, localizado en el extremo sur de África, estableciéndose en Panamá y, junto con algunos japoneses que ya residían en Latinoamérica y otros que recién llegaban, abre una compañía de importación llamada "Amano *Shokai*". Desde muy niño Amano tuvo interés en la historia y admiraba la vida de Heinrich Schliemann, quien excavo el sitio arqueológico de Troya siendo un comerciante. Le interesaban las culturas precolombinas de Latinoamérica y los detalles de la conquista. En el año 1935, en una biblioteca en Panamá, llegó a sus manos un libro de Hiram Bingham, profesor de la Universidad de Yale. Impresionado por el "descubrimiento" de Machu Picchu en el año 1911 y la excavación realizada un año después, Amano viaja en avión al día siguiente al Perú. Como se mencionará luego, en el caserío de Machu Picchu se encontró con Yokichi Nouchi, con quien caminó en el sitio arqueológico de Machu Picchu por una semana. Posteriormente escribió un libro denominado *"Machu Pichu Monogatari"* *8, el cual es la primera presentación sobre este sitio en Japón. También consolidó firmemente su posición como comerciante con el principio de "un negocio en un país", es decir desarrollar diferentes negocios especializados en cada país como pesquería en Costa Rica, hacienda en Chile y sociedad financiera en Perú, aunque esto no implicó que Amano perdiese nunca su interés en las civilizaciones antiguas de las Américas.

　Sin embargo en el año 1941, cuando comienza de la guerra entre Japón y Estados Unidos, Amano fue arrestado en Panamá al ser considerado elemento peligroso del enemigo y perdió gran parte de sus bienes. Al año siguiente fue trasladado a un campamento de concentración en los Estados Unidos, y tres meses después fue forzadamente repatriado a Japón*9. Terminada la guerra, Amano planeó regresar a Sudamérica. En el año 1951, desafiando todos los peligros, finalmente llega al Perú. En seguida abre una empresa de harina de pescado y luego una empresa de redes de pesca, desplegando nuevamente su habilidad en los negocios. Paralelamente comenzó a dedicarse a la investigación de la Civilización Andina. Visitaba sitios arqueológicos y los estudiaba para su colección, usando todo su tiempo de los fines de semana. El valle de Chancay, ubicado a unos 100 km al norte de la ciudad de Lima, llamó la atención de Amano. En dicho valle se encuentran varios restos arquitectónicos con textiles bien conservados en los cementerios de la Cultura Chancay, la cual floreció poco antes de la Cultura Inca. No obstante, la mayoría de los coleccionistas preferían tejidos y cerámica de épocas más antiguas. En esta

出土品はまだ値が安く、うち捨てられていることも多かった。しかし天野は織物の技術と感性、土器の特異性に強く惹かれ、チャンカイ文化の遺物の収集を進めた。天野の貢献でチャンカイ文化は次第に知られるようになり、ようやく国立博物館にチャンカイ文化のコーナーが出来たという逸話すらある。かつての「一国一業」は影を潜め、すぐれた調査助手でもある美代子夫人を伴い、天野は公私ともにペルーに根を張って生きるようになっていった。

1956年、東京大学助教授で文化人類学者の泉靖一が、ブラジルから日本への帰路天野を訪ねてきた。ふたりの話はいつまでも続いた。天野はアンデス文明の独創性と繊細な美的感覚を熱心に説き、敗戦によりアジアの研究フィールドから遠ざけられ、新たな研究方向を模索していた泉の心を捉えた。泉は直ちに動き、58年に第1次東京大学アンデス地帯学術調査団を組織して10余人の研究者とともに再びペルーにやってきた。折しも三笠宮夫妻のペルー訪問と重なり、遺跡の案内に立って天野は感激した。何よりもアンデスをフィールドとする研究者と過ごす時間は無上の楽しみであった。天野自身は科学者としての考古学者とは別の視点にたち、モノに込められた意味や古代人の心に迫ることに関心を寄せたが（ただしその関心の一部は、のちの認知考古学という体系的な研究領域に通じるところがある）、同時に専門家による客観的な遺物分析や編年研究などの科学的なテーマや研究手法に対して敬意を払っていたのである。

1958年、続いて61年にアンデス文明に関する展覧会が日本で開催された[*10]。泉の尽力である。そして61年の展覧会では昭和天皇と皇后はじめ皇族の方々を直接ご案内した。また経営していた会社を売却し、自宅の一部を収蔵庫兼研究室として考古学一筋の生活に入った。64年天野はついにリマに「天野博物館」を開館させた[*11]。自宅から1軒おいた3階建ての博物館であった。収蔵品の中心はチャンカイ文化の織物、レース編み、土器、そしてさまざまな道具類であった。訪問は予約制で天野が直接解説し、望むならば訪問者は自分の手で遺物に触れることができた。ペルーはもとより外国の専門家も訪れ、日本の観光客も増えていった。その功績に対し日本とペルーは叙勲をもって天野をたたえた。67年、皇太子明仁殿下（今上天皇）と美智子妃殿下を天野博物館にお迎えした天野は感極まって「私はこのために生きてきた」と言ったという。しかし強靭な身体も衰える時が来る。1982年10月14日天野は84年の生涯を閉じた。

天野の没後も博物館はアンデス文明の公開発信に貢献し、また研究者に対しさまざまな支援を行ってきた。創立50年を迎えた2014年に大規模な改装し、天野染織博物館として新たなスタートを切ろうとしている。

época las piezas de la Cultura Chancay estaban siendo cotizadas a un bajo precio en el mercado y estas piezas fueron frecuentemente abandonadas en el mismo lugar sin ser recuperadas. Sin embargo, al estar fuertemente fascinado por la técnica y sensibilidad en los textiles y la singularidad de la cerámica, Amano prosiguió con su colección de materiales de la Cultura Chancay. Gracias a su contribución la Cultura Chancay gradualmente comenzó a hacerse conocida y finalmente apareció una sección que daba a conocer a la Cultura Chancay en el Museo Nacional. Descartando su anterior principio de "un negocio en un país", Amano junto a su buena asistente de investigación y esposa Miyoko acabaron radicando tanto oficial como privadamente en el Perú.

En el año 1956, el antropólogo cultural Seiichi Izumi, profesor asociado en la Universidad de Tokio, visitó a Amano en su trayecto de retorno a Japón desde Brasil. No se agotaban los temas de conversación entre ambos. Amano le transmitió la singularidad y la sensibilidad artística de la Civilización Andina con entusiasmo, y sus palabras atrajeron a Izumi, quien buscaba una nueva orientación de estudio alejada de Asia luego de la derrota en la guerra. Inmediatamente Izumi reaccionó organizando la primera expedición científica enviada a los Andes por la Universidad de Tokio y en el año 1958 retorna al Perú con un equipo de 10 o más investigadores. Casualmente el día de su retorno coincidió con la visita del Príncipe Mikasa y su esposa, y un emocionado Amano tuvo el honor de guiarlos por los sitios arqueológicos. Pasar el tiempo junto a los investigadores sobre los Andes era una para Amano, quien tenía un punto de vista distinto al científico de los arqueólogos. Le interesaban los sentidos plasmados en los artefactos antiguos y el corazón de la gente antigua (a propósito, su interés tiene algunos puntos en común con una rama científica posmoderna llamada arqueología cognitiva). Sin embargo, al mismo tiempo respetaba los temas y métodos científicos de los especialistas como el análisis objetivo de materiales y la cronología.

En el año 1958, y luego en 1961 se celebraron las exposiciones sobre la Civilización Andina en Japón gracias a los esfuerzos de Izumi[*10]. En la exhibición de 1961 Amano guio al Emperador Showa, a la emperatriz y a los miembros de la familia imperial. Amano vendió su empresa y comenzó a vivir estudiando la arqueología. Una parte de su residencia funcionó como depósito y laboratorio. En el año 1964 Amano inaugura finalmente el "Museo Amano", un edificio que cuenta con tres pisos separados de su residencia por una casa[*11]. El centro de la colección fueron los materiales de la Cultura Chancay, como textiles, gazas, cerámica y una variedad de herramientas. Las visitas al Museo eran con previa reserva de horario y era posible escuchar las explicaciones hechas por el mismo Amano. Además, era posible tocar las piezas si así lo deseaban. Las visitas han sido no solo son de peruanos sino también especialistas extranjeros, y aumentaron las visitas de turistas japoneses. Por este hecho los gobiernos de Japón y Perú lo condecoraron. En el año 1967, el Museo recibió al Príncipe Akihito (el actual emperador) y a la Emperatriz Michiko. Amano sintió una gran emoción y dijo que "había vivido solo para este momento". Sin embargo, por más robusto que sea el cuerpo humano, llega el día que decae. A los 84 años, un 14 de octubre de 1982, termina la vida de Amano.

Después de la muerte de Amano, su museo continúa la difusión pública sobre la Civilización Andina con varias actividades apoyando a los investigadores. El año 2014 es se conmemoraron los 50 años de establecimiento del museo con una modificación a gran escala para volver a abrir como el "Museo de textiles Amano".

ローライコードIV／©UMUT
アメリカ合衆国／1950年代／高150×幅115×奥行125（ケースを閉じた状態）／天野博物館
天野芳太郎の遺品。ローライ社製2眼レフカメラ。天野芳太郎は写真に長じていた。ラテンアメリカを主題に、風景、動物、女性像など多くの題材を撮って写真集を出版している。パナマで商会を営んでいたころ、運河地帯のアメリカ人写真クラブのコンテストで二十数回も入賞している。資産家で、船を持ち、つねに中南米諸国を巡り、語学・文筆に長け、しかも写真を撮る天野はスパイ容疑をかけられ、日米開戦とともにパナマで拘留された。

Rolleicord IV (cámara fotográfica) / ©UMUT
EEUU / Década del 1950 / 150 de alto x 115 de largo x 125 de ancho (con funda cerrada) / Museo Amano
Legado de Yoshitaro Amano. Una cámara fotográfica réflex de dos objetivos marca Rollei. Amano fue un fotógrafo aficionado y publicó un catálogo de fotografía sobre Latinoamérica, registrando varios temas como paisajes, fauna y a la mujer. Además de administrar su casa comercial en Panamá, Amano ganó más de veinte premios en clubes de fotografía estadounidenses. Disponía de una fortuna, poseía un barco y constantemente hacia viajes de negocios por Latinoamérica. Aparte de sacar buenas fotografías, se dedicaba al estudio de lenguas y a la escritura. Debido estas actividades, cuando comenzó la guerra entre Japón y EEUU, inmediatamente fue arrestado en Panamá bajo sospecha de espionaje.

シネ・コダック・レレイアント・カメラ／©UMUT
アメリカ合衆国／1950年代／高136×幅78×奥行185／天野博物館
天野芳太郎の遺品。イーストマン・コダック社製8ミリカメラ。

Cine Kodak Reliant Camera (cámara grabadora) / ©UMUT
EEUU / Década del 1950 / 136 de alto x 78 de largo x 185 de ancho / Museo Amano
Legado de Yoshitaro Amano. Una cámara tomavista de cine marca Eastman Kodak. Se cree que Amano realizó filmaciones en Cusco y en Panamá.

天野芳太郎とそのコレクション。／©天野博物館
Yoshitaro Amano y sus colecciones. / ©Museo Amano

パチャカマック遺跡にてローライコードIVで写真撮影する天野芳太郎。／©天野博物館
Yoshitaro Amano y su cámara Rolleicord IV en el sitio arqueológico de Pachacamac. / ©Museo Amano

天野博物館外観。／©天野博物館
Vista exterior del Museo Amano. / ©Museo Amano

天野博物館の展示室。展示ケースのガラスは簡単に開閉でき、来館者は希望すれば展示物を手に取ることができた。／©天野博物館
Sala de exposición del Museo Amano. Las ventanas de las vitrinas podían ser abiertas y los visitantes podían tocar las piezas si lo deseaban. / ©Museo Amano

天野芳太郎氏墓所（ペルー、リマ）。「AMANO YOSHITARO KOKONI NEMURU（天野芳太郎ここに眠る）」と刻まれている。／©鶴見英成
Tumba de Yoshitaro Amano (Lima, Perú). El epitafio indica: *"AMANO YOSHITARO KOKONI NEMURU"* ("Aquí descansa Yoshitaro Amano"). / ©Eisei Tsurumi

野内与吉とマチュピチュ

「君は日本人だったのか。」「そういう君も日本人か。」それまでスペイン語で話しあっていた二人は、このとき日本語で挨拶を交わした。(尾塩尚 1984『天界航路 天野芳太郎とその時代』p.228) *12

パナマから強行軍でマチュピチュ遺跡を目指した天野芳太郎は、ふもとの村マチュピチュ集落に鉄道で辿りつき、宿に逗留した。翌朝、村人が宿の主人に「ハポネス(日本人)」と呼びかけるのを聞き、ようやく同郷人であることに気づいたという。1935 年、野内与吉がすっかり現地に溶け込んでいたことをうかがわせるエピソードである。

野内与吉は 1895 年に福島県安達郡玉井村(現・大玉村)の農家に生まれ、1917 年 12 月、同県出身者 19 名とともに 3 年間の契約移民としてペルーに渡った。ペルーへの移民は 1899 年から 1923 年まで計 75 回実施され、通算 21000 人の日本人が送り込まれたが、多くは農村の出身で、日本とはまったく異なる耕作環境に耐えきれず、脱耕し都市部などで農業以外の職を求めた者が多かった。与吉もサン・ニコラスという農園に配耕されたがやはり労働環境になじめなかったのか 1 年で辞した。その後はしばらく米国・ブラジルやボリビアを放浪したと見られる。

1923 年ペルーに戻った与吉は、クスコから発し、当時オリャンタイタンボからマチュピチュへと延伸中だったペルー国鉄クスコ―サンタ・アナ鉄道で工事労働に従事した。やがて鉄道の運転手となり、マチュピチュ集落に居を構え、現地の女性と結婚し、レールを転用して 3 階建ての「ホテル・ノウチ」を建てた。先住民のケチュア語まで操り、すっかりペルー人と化した与吉に天野が遭遇したのはその頃であるが、さらに与吉は地元社会での存在感を増していく。ホテル業のかたわら畑や道路などの整備にも努め、住民の信頼を得て 1939–41 年にかけて集落の行政官を信任された。マチュピチュ村は 41 年 10 月に正式に行政区分上の村となったため、まさにその変革期にトップにいたことになる。

47 年に村は大土砂災害にみまわれ、与吉をはじめとする住人たちが地方政府あてに緊急支援を申請した。そのリーダーシップを見込まれて与吉氏は政府より村長に任命されて、48–50 年にかけて復興にあたった。また鉄道の枕木製作など維持管理を担当し、管理職として鉄道に携わり続けた。私生活においては通算 10 人の子を授かり、その中からのちの村長や鉄道管理の後継者も育っていった。鉄道管理の後継者は息子のセサル・ノウチ(野内セサル良郎の父)であり、今回の展示品を現在まで大事に保存し提供したのも彼である。そして村には温泉という資源もあり(一時的に、湯を意味する「アグアス・カリエンテス」村と改名したこともある)、

Yokichi Nouchi y Machu Picchu

"¿Eres japonés?" "¿Tú también eres japonés?" En este momento los dos, quienes conversaban en castellano, se saludaron en japonés. (Oshio 1984 p.228)*12

Saliendo de Panamá, Yoshitaro Amano se dirigió al sitio arqueológico de Machu Picchu con mucha prisa y llegó al caserío de Machu Picchu en tren, hospedándose en un hotel del lugar. A la mañana siguiente Amano escuchó a un poblador llamar al dueño del hospedaje "japonés" y se dio cuenta de que era su paisano. Esta anécdota es del año 1935 y demuestra que Yokichi Nouchi se adaptó completamente a la comunidad local.

En el año 1895 Yokichi Nouchi nació de una familia de agricultores en Tamanoi-mura (hoy Otama-mura), distrito de Adachi, prefectura de Fukushima. En diciembre de 1917 viajó al Perú con 19 compañeros de la misma prefectura como inmigrante contratado por tres años. Desde el año 1899 hasta 1923 la emigración japonesa hacia el Perú se efectuó 75 veces, viajando un total de 21.000 japoneses. La mayoría de ellos fueron agricultores y al no poder adaptarse a las circunstancias agrícolas totalmente diferentes de Japón, varios dejaron la agricultura y buscaron otros trabajos en las ciudades. A Yokichi lo destinaron a una hacienda denominada San Nicolás, pero él renunció al cabo de un año tal vez porque tampoco pudo acostumbrarse al ambiente laboral. Luego Yokichi posiblemente paso el tiempo deambulando por unos años en otros países como Estados Unidos, Brasil y Bolivia.

En el año 1923 Yokichi retornó al Perú y trabajó como obrero de construcción en la línea del Ferrocarril del estado peruano Cusco-Santa Ana, la cual sale del Cusco para luego prologarse en el tramo entre Ollantaytambo y Machu Picchu. Poco después llego a ser maquinista del tren, se asentó en el caserío de Machu Picchu, y se casó con una mujer de esa localidad. También construyó el "Hotel Nouchi", un edificio de tres pisos reutilizando los rieles del tren. Esta fue la época cuando Amano encontró a Yokichi totalmente adaptado como un peruano que sabía hablar hasta la lengua indígena quechua, más aún, Yokichi llegó a ser una persona notable en la sociedad local. Además del hotel, rehabilitó los caminos y las chacras de la zona, ganándose la confianza de los vecinos, y fue elegido como Agente Municipal de Machu Picchu desde el año 1939 hasta 1941. El caserío de Machu Picchu oficialmente fue elevado a la categoría de pueblo en octubre de 1941, por lo que se puede decir que Yokichi lideró el caserío justo en el cambio de categoría a pueblo.

En el año 1947 el pueblo sufrió un gran derrumbe de tierras y Yokichi con sus vecinos solicitaron apoyo de emergencia al gobierno regional. El gobierno lo nombra como alcalde confiando en su don de mando y Yokichi dirige la reconstrucción del pueblo desde 1948 a 1950. También se encargó del mantenimiento de la vía férrea en la producción de durmientes y continuó dedicándose al ferrocarril como uno de los administradores en el sector de maestranza. Hablando sobre su vida privada, Dios le bendijo con diez hijos y entre ellos dos fueron sus sucesores, uno como alcalde y el otro como administrador en el ferrocarril de dicho sector. El que trabajo en el ferrocarril es su hijo Cesar Nouchi (padre de Cesar Yoshiro Nouchi) quien conservó y cuido las herramientas que están en esta exposición. El pueblo tenía como recurso aguas termales (temporalmente el pueblo llega a cambiar su nombre a "Aguas Calientes") por lo que el pueblo y el tren se hicieron más importantes a medida que aumentaba los turistas al sitio arqueológico.

En Otama-mura, la tierra natal de Yokichi, no se sabían si él

遺跡への観光客が増えるにつれ村と鉄道はますます重要になっていったのである。

　与吉は日本に便りをよこさなかったため、故郷・大玉村では生死不明とされていたが、1963年7月22日の新聞・福島民報がペルーでの彼の消息を知らせることとなった。58年、三笠宮殿下のペルー訪問の際、マチュピチュにて花束を贈呈した女性が与吉の長女オルガ・ノウチであった、と報じられたのである。日本の家族は大使館を通じて与吉と連絡をとり、旅費を送って帰国を促した。与吉は68年7月、52年ぶりに兄弟らと再会した。3ヶ月滞在したのち、日本に残れという勧めを辞退し、クスコにいる妻と子や孫のためにペルーに戻り、翌年亡くなった。墓所はクスコ市内の霊園にある。没後、長男のホセ・ノウチがマチュピチュ村村長を務めるなど、与吉の残した家族とその社会的信用は脈々と受け継がれている。

　ペルーの誇る世界遺産マチュピチュ遺跡と、高級ホテルの立ち並ぶ温泉リゾート地マチュピチュ村、そして現在唯一の交通手段であり絶景で知られるペルー国鉄クスコ—サンタ・アナ鉄道は、観光大国ペルーの屋台骨と言って過言ではない。しかしその詳細な沿革と、その立役者のひとりに日系移民がいたことは、これまでほとんど知られてこなかった。上に述べた村と鉄道と与吉の歴史は、孫のひとり野内セサル良郎（日本マチュピチュ協会副会長）がマチュピチュ村や大玉村を訪れ、インタビューや行政文書の調査によって祖父の足跡を掘り起こした成果である*13。セサルはさらに研究を進め、いずれマチュピチュ村に日系アンデス移民資料館を開設したいと考えている。

estaba vivo o muerto porque nunca escribió a nadie. Sin embargo un artículo en el periódico de Fukushima-minpou del 22 de julio de 1963 les hizo saber noticia de él. El periódico informaba que en el año 1958, cuando el Príncipe Mikasa recorría el Perú, en Machu Picchu le entregó un ramo de flores una señorita llamada Olga Nouchi, la primera hija de Yokichi. Los hermanos y la familia Nouchi de Otama-mura se comunicaron con Yokichi gracias a la embajada y le enviaron los gastos de viaje para que retorne al Japón. En julio de 1968, Yokichi se reencuentra con sus hermanos después de 52 años. Declinando la recomendación de que se quede en Japón, después de 3 meses de estadía, Yokichi regresa al Perú para reunirse con su esposa, hijos y nietos en la ciudad del Cusco, y fallece al siguiente año. Su tumba está en un cementerio en la ciudad del Cusco. Después de la muerte de Yokichi, su familia es reconocida por la labor que desempeñó en pueblo, obteniendo credibilidad social que fue transmitida y con el tiempo su hijo mayor, José Nouchi, llega a ser alcalde del pueblo.

　Machu Picchu es un patrimonio mundial de la humanidad y orgullo del Perú, acompañado por un lugar turístico con aguas termales y hoteles de primera clase que cuenta como único medio de transporte el ferrocarril construido por el estado peruano Cusco-Santa Ana, el cual ofrece un paisaje maravilloso. No es exagerado decir que sostiene económicamente el turismo en el Perú. Sin embargo, el detalle de su historia y desarrollo por un inmigrante japonés como figura principal es un proceso hasta ahora poco conocido. La historia de Yokichi y la historia del pueblo y del ferrocarril descrita arriba son resultado del estudio de Cesar Yoshiro Nouchi, uno de los nietos de Yokichi quien visito el pueblo de Machu Picchu y el pueblo de Otama-mura para investigar las huellas de su abuelo a través de entrevistas y búsqueda de documentos en archivos municipales y bibliotecas*13. En el futuro, Cesar piensa profundizar aún más su estudio y fundar un recordatorio sobre lo inmigrantes japoneses a los Andes en el pueblo de Machu Picchu.

1968年の野内与吉（ペルー共和国の外国人証明書の写し）。／©日本マチュピチュ協会
Yokichi Nouchi en 1968 (foto de su carnet de extranjería de la República del Perú). / ©Japan Machupicchu Association

海外興業株式會社の契約移民募集ポスター。／©日本マチュピチュ協会
Afiche sobre la convocatoria de emigrantes contratados por la Sociedad de Desenvolvimiento Internacional. / ©Japan Machupicchu Association

野内与吉氏墓所（ペルー、クスコ）。墓碑銘はOSCAR YOKICHI NOUCHI（オスカル・ヨキチ・ノウチ）で、妻マリア・モラレスと共に眠っている。／©日本マチュピチュ協会
Tumba de Yokichi Nouchi (Cusco, Perú). El epitafio indica OSCAR YOKICHI NOUCHI. En este recinto descansa con su esposa María Morales. / ©Japan Machupicchu Association

マチュピチュ遺跡（スキャン画像）／© 野外民族博物館リトルワールド
ペルー、クスコ県／インカ帝国期／高 3000× 幅 10000 ／東京大学総合研究博物館
（ニューリー株式会社の提供による）

観光大国ペルーが世界に誇る自然文化複合世界遺産である。マチュピチュはケチュア語で老いた山を意味し、背後にそびえる急峻な峰は若い山・ワイナピチュである。かつては首都クスコがスペイン軍の前に陥落したあとに築かれたインカ最後の都市とも言われたが、現在では第 9 代インカ皇帝パチャクティの私有地の一つであったと考えられている。観光地であるとともにさまざまな調査が進められており、日本からの参画としては 2014 年現在、西浦忠輝（国士舘大学）らがペルー文化省と協力して建築の保存修復プロジェクトを実施している。展示したパネルは、野外民族博物館リトルワールドとニューリー株式会社が 2011 年にスキャンした画像である。世界各地からの観光客で連日にぎわっており、人影が映り込まないように撮影するのは難しい。遺跡への負荷を抑えるため現在は入場制限が設けられているが、それでも 1 日あたり 2500 人である。うちワイナピチュに登頂できる上限は 400 人で、チケットは連日ほぼ完売する。なお 2014 年現在の遺跡入場料は 62 ドル、ワイナピチュ登頂はプラス 9 ドルである。

Machu Picchu (imagen digitalizada) / © Little World Museum of Man
Cusco, Perú / Periodo del Imperio Inca / 3000 de alto ×10.000 de largo / UMUT
(ofrecido por Newly corporation)

Machu Picchu es patrimonio de humanidad como todo un conjunto cultural y ecológico siendo el orgullo del Perú. Su nombre significa "Cerro Viejo" en la lengua quechua y el cerro empinado que ocupa detrás del sitio arqueológico se llama Huayna Picchu o "Cerro Joven". Anteriormente fue considerada como la última ciudad incaica construida después de la caída del Cusco, la antigua capital conquistada por los españoles. Ahora es considerada como una de las residencias de Pachacútec, el noveno inca. El panel es una imagen digitalizada por el Little World Museum of Man y la Newly Cooporation en el año 2011. Todos los días el sitio arqueológico está lleno de turistas de todo el mundo, lo que dificulta fotografiarlo sin personas. Siendo un centro turístico, muchas investigaciones también están progresando. En el año 2014, Tadateru Nishiura (Kokushikan University) y sus colegas de Japón ejecutan el proyecto de conservación de los edificios con la cooperación del Ministerio de Cultura del Perú. Para frenar los daños al sitio, el número de visitantes ha sido limitado a 2500 personas por día. De ellos, solamente 400 puede subir al Huayna Picchu y su boleto se agota casi diariamente. El boleto de entrada al sitio arqueológico cuesta 62 dólares americanos y la subida al Huayna Picchu cuesta 9 dólares americanos, según datos del año 2014.

左写真、奥の 3 階建ての建物がホテル・ノウチ。1930 年代のマチュピチュ村と鉄道と駅。／© ノウチ一族
Foto izquierda, el edificio de tres pisos al fondo es el Hotel Nouchi. Tren y estación del caserío de Machu Picchu en la década de 1930. / ©Familia Nouchi

ペルー国鉄クスコ―サンタ・アナ鉄道の工事に使用されたレールと工具／©UMUT
クスコ／1930 年代／日本マチュピチュ協会／©UMUT
レールには 1937 年製造を意味する「37」という刻印がある。工具はレールと枕木を加工して野内与吉が手ずから製作した。

Riel y herramientas utilizadas en la construcción de la línea del Ferrocarril Cusco-Santa Ana / ©UMUT
Cusco / Década del 1930 / Japan Machupicchu Association
El riel tiene grabado "37" que indica el año de su fabricación 1937. Las herramientas fueron elaboradas a base de rieles y hechas a mano por Yokichi Nouchi.

森下精一と日生

　…各地にすぐれた古代文明の伝統があり、エジプトやインドの古代文明にも比するべき大文明が、中央アメリカやアンデスにかつて栄えていることを知ったのである。その折ふれた素朴で、不思議な遺物の数々は、うちに秘めた偉大な先住民の歴史のはかなさとともに、いまだに強く私の心に焼きついている。(森下精一談。森谷常正1980「森下精一伝」『森下精一伝』pp.97-98)　*14

　中南米の古代美術に心奪われたとき、森下精一はすでに齢65歳に達していた。1969年、森下漁網製造株式会社(現・森下株式会社)会長であった精一は、岡山県主催の貿易調査団の団長として北米を巡回し、引き続いて中南米に40日間の商用旅行を行った。その際にペルーでの漁網の取引先であったインカ・フィッシング社社長・天野芳太郎を訪問し、創立5年目の天野博物館に招かれた。冒頭の言はそのときの感慨をのちに語ったものであるが、同行した社員によれば精一の受けた衝撃は並大抵ではなかったようだ。

　…古代インカ文明の遺物(織物、焼物、土器等)の前に座られてただ「ウーン」、何の説明を受けてもうわの空で正に放心状態、目はランランと輝きを増し、地球の裏側の異人の先達が残してくれた精巧且つ、如何にしてこの様な物が手造りで出来たのかそのノウハウに敬服され、頭を巨大なハンマーで一撃喰らった様な仕草で、遂には陳列物の前のフロアーに土下座されてしまったのには、ただ唖然と私も成すすべもなく、その日の商談予定を棒に振るキャンセルの電話連絡に奔走するやらで…(真嶋高徳1980「森下美術館の原点を見る―古代インカの遺物に跪かれた会長―」『森下精一伝』p.280)　*15

　森下精一は1904年に瀬戸内海に面した小さな漁村、岡山県和気郡の日生村(のちに日生町、現・備前市日生町)に生まれた。漁師だった父の森下金吉が09年より始めた漁網製造を手伝う中で、精一は実業家としての才覚を開花させた。29年からは経営者となり、戦後復興とともに製網所を母体として事業を拡大し、多くの関連会社を設立しつつ海外にも販路を広げた。実業家としての精一は謙虚な人柄で節約を旨としたが、古美術収集という大きな趣味があり、日本画、西洋画、そしてなんと言っても地元の備前焼に通じていた。しかし老境の彼の心をわしづかみにしたのはまったく異質な美術であったのである。「学問的なことはよくわからんが」と吐露しながらも、精一はおのれの感覚で気に入ったも

Seiichi Morishita y Hinase

"[…] llegué a saber que grandes civilizaciones comparables con Egipto e India florecieron en Centroamérica y los Andes. Simples y enigmáticos artefactos arqueológicos, que contenían en sí la historia trágica de grandes indígenas, hasta ahora se me quedaron grabados profundamente en el corazón." (Palabras de Seiichi Morishita. Moritani 1980 pp.97-98)*14

　Cuando fue cautivado por el arte latinoamericano precolombino, Seiichi Morishita ya tenía 65 años. En el año 1969, siendo presidente de Morishita Gyomo Seizo S.A. (la actual Morishita S.A.) Seiichi recorrió los Estados Unidos como jefe de una misión de investigación sobre el comercio internacional organizada por la prefectura de Okayama, y seguidamente realizó otro viaje de negocios por Sudamérica durante 40 días. En Perú visitó a Yoshitaro Amano, director de Inca Fishing S.A., con quien Seiichi comerciaba redes de pesca, y asimismo pudo asistir al Museo Amano en el quinto año de funcionamiento. El comentario arriba citado solo describe posteriormente la emoción que sintió en aquel momento. Según un empleado y acompañante en tal ocasión fue una verdadera impresión para Seiichi.

"[…] sentado en frente de materiales (tejidos, cerámicas, etc.) de una civilización antigua como la incaica, él solo murmuraba 'mmm…' Estaba totalmente distraído, no le cabía ninguna explicación, y sus ojos despedían chispas. Admiró el conocimiento técnico que manualmente generó tantos artefactos minuciosos dejados por antepasados extranjeros al otro lado de la Tierra. Finalmente, se postró en el piso delante de las piezas exhibidas como si hubiera recibido un martillazo en la cabeza. Me quedé con la boca abierta sin saber qué hacer, solo llamaba para cancelar reuniones programadas esa fecha desaprovechando la oportunidad de negociaciones […]" (Mahana 1980 p.280).*15

　Seiichi Morishita nació en el año 1904 en un pequeño pueblo pesquero llamado Hinase del distrito de Wake (posteriormente Hinase-Chou, el actual Hinase-Chou de Ciudad de Bizen) que da al mar interior de Seto. En el año 1909 su padre, Kinkichi Morishita, dejó el negocio de la pesquería y fundó una fábrica de redes de pesca. Ayudar a su padre en el trabajo sirvió de estímulo a Seiichi para descubrir su talento en los negocios. Así, desde 1929 Seiichi comenzó a dirigir la empresa. Para la etapa de la reconstrucción económica de Japón durante la posguerra, se incursionó en otros rubros que mantenían la fábrica como base, se fundaron varias compañías afiliadas y se abrieron hacia mercados internacionales. Como hombre de industria Seiichi fue modesto y ahorrador, sin embargo, al mismo tiempo mantenía una gran afición por coleccionar antigüedades. Le gustaba la pintura japonesa y occidental y, sobre todo, sabía mucho de la cerámica *Bizen Yaki* de su tierra. No obstante, en la vejez a Seiichi le llegó a fascinar un arte totalmente distinto. Confesando que "no sabía bien de asuntos científicos", comenzó a reunir las piezas que le interesaban según su sensibilidad. Incluso en su época aun habiendo varias dificultades para importar arte arqueológico extranjero, supo tomar las medidas adecuadas y solo en unos años su colección llegó a alcanzar más de 1000 piezas. Por recomendación por Yoshitaro Amano y Yoshio Masuda (Universidad de Tokio), quienes estimaron mucho su colección desde el punto de vista de la arqueología y de la historia del arte, Seiichi tomó la decisión de construir un museo financiado con recursos propios para mostrar su colección

のを集め始めた。当時においても海外の考古美術の輸入には多くの困難があったが、それを一つ一つ対処し、数年のうちに1000点に及ぶ巨大なコレクションを作り上げていた。その考古学上・美術史上の意義を評価する天野芳太郎と増田義郎（東京大学）の勧めもあり、精一は私財を投じて美術館を建て、公開することを決意した。増田によれば「森下氏が美術館建設に示した熱意と執着は、遊びや趣味などと言うなまやさしいものではなく、まさに人格を傾倒した、積極的な仕事に対する打ち込みそのものであった」*16。こうして1975年3月、日生の地に森下美術館が設立された*17。美術館の外壁を覆う約16000枚もの備前焼の陶板は、日生に文教施設を創設し、地域の振興に役立てたいという精一の思いを物語っている。

本展ではその中でもペルー由来の資料に絞り、土器21点、織物10点を展示している。規範的なものから変則的なものまで、アンデス美術の奥深さを体現した逸品である。しかし森下コレクションの最大の特徴はそのカバーする地域の広さで、10ヶ国以上に及んでいる。アンデス文明の展開したペルーとボリビア、メソアメリカ文明のメキシコやグァテマラはもちろんであるが、特筆すべきは両地域の間、コスタリカ、パナマ、コロンビア、エクアドルなど新大陸考古学で中間領域と呼ばれる地域や、ドミニカなどカリブ地域の資料の充実である。また南米大陸最古級の土器を持つバルディビア文化から少数ながら植民地美術まで、編年上の範囲もきわめて広範である。図らずもそこに学術的な意義が生まれた。故・梅棹忠夫（国立民族学博物館館長）は「よく目標がしぼられ、しかも系統的にあつめられたものであって、みごとにまとまりをもったコレクション」と評している*18。

美術館の開館より3年、精一は1978年に没し、瀬戸内海を見下ろす丘の上に眠っている。現在では精一の孫の森下矢須之が館長となり、BIZEN中南米美術館と改名して運営している。緩やかとはいえコレクションの拡充を続け、現在の収蔵品は約1800点に及ぶ。文化イベントの開催や参加も多く、地元・日生市の振興とともに、中南米各国大使館と共同して多彩な国際交流活動を実践している。2015年に開館30周年を迎える。

al público. Masuda sostiene que "el entusiasmo y apego del Sr. Morishita por la construcción del museo no era una simple cuestión de diversión o afición, sino una activa dedicación al trabajo demostrando toda su personalidad" *16. De ese modo, en marzo del año 1975 se inauguró el Museo Morishita en Hinase*17. Las 16.000 baldosas hechas de *Bizen Yaki* que cubren las paredes exteriores del edificio evidencian el deseo de Seiichi de utilizar el museo como un complejo educativo local para el desarrollo de Hinase.

Entre las piezas del museo, en la presente exposición solo exhibimos aquellas procedentes del Perú: 21 vasijas cerámicas y 10 textiles. Se incluyen diversas muestras, desde piezas ejemplares hasta piezas irregulares, todas son finos artefactos que encarnan la profundidad de arte andino. Sin embargo, la característica más notable de la colección Morishita es la variedad de piezas que cubre una extensión geográfica muy amplia, la cual corresponde a más de 10 naciones modernas. Por supuesto, comprende materiales de Perú y Bolivia en donde floreció la Civilización Andina, así como México y Guatemala que se refieren a la Civilización Mesoamericana. No obstante, merece una mención especial la riqueza de artefactos que tienen origen en la región denominada Área Intermedia para la arqueología de las Américas como Costa Rica, Panamá, Colombia y Ecuador, y el Área Caribeña como Dominica. Además, cronológicamente representa a un largo periodo, desde la Cultura Valdivia que se caracteriza por una de las tradiciones alfareras más antiguas de Sudamérica hasta, aunque no mucho, el arte colonial. Inesperadamente, la colección logró importancia científica. El difunto Tadao Umesao (director del Museo Nacional de Etnología) la apreció como "una colección bien ordenada que se compone de piezas recogidas sistemáticamente con un objetivo específico".*18

Lamentablemente en el año 1978, tres años después de la inauguración del museo Seiichi falleció y ahora descansa en la colina que domina el mar interior de Seto. Actualmente, el director Yasuyuki Morishita, nieto de Seiichi, lo administra bajo un nuevo nombre: Museo Latinoamericano de BIZEN. Su colección sigue ampliándose moderadamente y ahora cuenta con 1800 piezas. Celebra y participa en varios eventos culturales para promover la comunidad de Hinase, y también realiza diversas actividades de comunicación internacional en colaboración con embajadas latinoamericanas. Para el año 2015 el museo cumplirá 30 años.

森下精一／©BIZEN中南米美術館
Seiichi Morishita. / ©Museo Latinoamericano de BIZEN

天野博物館にて天野芳太郎に遺物学ぶ森下精一。／©BIZEN中南米美術館
Seiichi Morishita estudiando los materiales arqueológicos de Yoshitaro Amano en el Museo Amano. / ©Museo Latinoamericano de BIZEN

開館当時の森下美術館（現・BIZEN 中南米美術館）。手前は中間領域であるエクアドルの土偶の展示。／©BIZEN 中南米美術館
El Museo Morishita (actual Museo Latinoamericano de BIZEN) en sus primeros días. En esta parte se ubica la sección de *figurinas* del Ecuador, uno de los estados del Área Intermedia. /©Museo Latinoamericano de BIZEN

BIZEN 中南米美術館の外観。／©BIZEN 中南米美術館
Vista exterior del Museo Latinoamericano de BIZEN. /©Museo Latinoamericano de BIZEN

岡山県備前市の日生港。森下精一の墓所の近くにて撮影。／©森下茂行
Puerto de Hinase, ciudad de Bizen, prefectura de Okayama. Toma efectuada alrededor de la tumba de Seiichi Morishita. /©Shigeyuki Morishita

泉靖一とワヌコ

　天野さんと別れて乗ったボリビアにむかう飛行機の中で、私は本気でペルーの古代文明ととり組もうと決心した。「本気」でとり組むことは容易でないことはよく知っていた。日本には南アメリカ考古学の伝統は皆無だし、文献も資料もなにもない。零からふりだして、どこまでたどりつけるだろうか？それに、私はもはや四〇歳である。不安であった。しかし、飛行機からみおろすと、砂漠がこいこいと招いているような気がしてならない。（泉靖一 1971「遙かな山やま」pp.254-255）＊19

　泉靖一は 1915 年 6 月 3 日東京に生まれた。父の泉哲が京城帝国大学教授に就任するに伴い一家も京城に移住。1933 年同大学予科入学、1935 年法文学部に進学。秋葉隆教授の指導を受け、マリノフスキーの著作に接し、フィールドの学としての文化人類学に傾斜してゆき、1936 年に済州島の社会調査を実施、その成果を卒業論文として 1938 年に提出した。

　それから 1945 年までの間、泉は大学の助手から助教授になり、中国、当時の満州、黒竜江地方など広く歩き、諸民族の社会調査を重ねていた。またニューギニア奥地の調査にも出かけている。調査団の組織、

Seiichi Izumi y Huánuco

Después de despedirme del Sr. Amano, en el avión a Bolivia decidí abordar en serio la civilización antigua del Perú. Bien sabía que abordarla "en serio" no sería fácil. En Japón no se había establecido nada en cuanto a la arqueología sudamericana, ni siquiera había libros ni materiales. ¿Hasta dónde podría llegar partiendo de cero? Además, ya tenía 40 años. Estaba preocupado. Sin embargo, tuve la sensación de que aquel desierto debajo del avión me estuviera llamando.(Izumi 1971 pp.254-255) [19]

Seiichi Izumi nació en Tokio el 3 de junio de 1915. Su padre, Akira Izumi, asumió el cargo de profesor de la Universidad Imperial de Keijo (la actual Universidad de Seúl) y, por consiguiente, su familia también se mudó a Keijo. En 1933, fue admitido en el curso de estudios generales de dicha universidad y en 1935 ingresó a la Facultad de Derecho y Letras. Bajo de la dirección del profesor Takashi Akiba estudió la obra de Malinowski y se inclinó por el trabajo de campo en antropología cultural. En 1936, realizó una investigación de carácter social en las islas Jeju (Corea del Sur), cuyo resultado fue presentado como tesis de grado en 1938.

Desde entonces hasta 1945, comenzando como asistente Izumi ascendió a profesor asociado en la universidad. Efectuó investigaciones etnológicas al recorrer varias comunidades asentadas en China como aquellas del área entonces denominada Manchuria o la región de Heilongjiang entre otras. También formó parte de una investigación al interior de Nueva Guinea. Izumi demostró una destacable capacidad para organizar proyectos y grupos de investigación o preparar equipos y materiales apropiados. Sin embargo, cuando terminó la Segunda Guerra Mundial, volvió a Japón e inmediatamente comenzó a trabajar en Hakata para el cuidado y atención a japoneses que retornaban del continente asiático. Tan pronto como se mudó a la ciudad de Kawasaki para

調査計画の立案、装備や機材の準備など、泉は優れた手腕を発揮した。しかし終戦となり、46年日本に帰国し、その直後から博多で大陸から引き揚げてくる日本人の世話役を務めた。その仕事の関係で川崎市に居を移すや、明治大学で教鞭をとる身にもなり、まもなく石田英一郎と知己になり学会誌『民族学研究』の編集を手伝い、51年東京大学助教授に就任、石田とともに文化人類学教室の確立に尽力することになった。

川崎に来て2年の間、泉は精力的に動く。在外同胞支援の仕事、いくつかの専門委員そして奈良県十津川村の社会調査、北海道沙流川流域のアイヌ民族調査、学会誌編集などである。十津川村の経験はのちにユネスコの組織する「社会的緊張」というテーマの合同研究に参加する契機となり、さらにその結果東京大学に奉職して1年足らずでブラジルの日本人社会の調査に出かけることになる。

ブラジル渡航2回目の時、旧知の日系人社会学者・斎藤広志とブラジルからボリビアへ旅行をし、そこでペルーからの帰りというブラジル在住の農学者・山本喜誉司と会う。山本はリマの天野芳太郎からもらったという先インカ期の土器を持っていて、これでティティカカ湖の水とともにウィスキーを飲むのだという。三人は夕方のティティカカ湖にボートを浮かべ、その土器の杯でウィスキーと清冽な湖水をまぜて飲んだ。そして泉はリマに着いた翌日天野芳太郎に会う。二人は昼間は砂漠の遺跡を訪ね、夜は酒を酌み交わして、古今東西の人類史を語り合った。かつてわが庭のごとく歩き回った東北アジアのフィールドには戻れない。一方で雄大なアンデスの山と砂漠は泉の心をとらえた。アンデス考古学に挑もう、そう決めた泉は研究の最先端であるハーバード大学にゴードン・ウィリー教授を訪い、およそ半年の間セミナーを受講し、帰国後は直ちにアンデス調査団を組織すべく奔走した。

折しも東京大学では江上波夫を団長にイラク・イラン調査団が発足していた。主たる課題はメソポタミアで新石器時代の遺跡を発掘し、人類文明発祥の歴史を解明することであった。それと呼応して泉の調査団はアンデス文明の起源解明を主課題に掲げていた。そして1960年からペルーの山間盆地にあるコトシュ遺跡の集中発掘が始まった。石田を団長とする、ペルー全土とボリビア、チリの一部を踏査した1958年の第1回東京大学アンデス地帯学術調査団の成果[20]を吟味して選ばれた遺跡である。ペルーを知らない団員ばかり、しかも暑熱と虫に悩まされるテント生活、5km離れたワヌコ市民との交流が欠かせない。鍬入れ式にはワヌコ市の主だった人物を招くなど泉の気配りは好評だった。そして裏で式後の懇親会の指揮を取ったのが天野芳太郎であった。

発掘ではアンデス文明の起源と目されていたチャビン文化よりも下層から、ペルー人の専門家でも初めて見るような土器を伴う時期が見つかり、やがて最下層から立派な石造建築とその壁に取り付けた交差した手の土製レリーフが出てきた。おそらく紀元前2000年頃になる。これを神殿とするとペルーはおろかアメリカ最古の神殿になる。泉はすぐさま「交

dicha actividad, comenzó a enseñar en la Universidad de Meiji. Así, al poco tiempo pudo conocer a Eichiro Ishida y colaboró en la redacción de la revista académica *"Minzokugaku Kenkyu"* (the Japanese Journal of Ethnology). En 1951, tomo el cargo de profesor asociado de la Universidad de Tokio y se empeñó en establecer el curso de antropología cultural junto con Ishida.

Durante dos años en Kawasaki, Izumi trabajó intensamente: apoyo a compatriotas en el extranjero, miembro de comités especializados, estudio sociológico del pueblo Totsugawa en la prefectura de Nara, estudio etnológico de los ainus de la cuenca del Río Saru en Hokkaido o edición de revistas académicas, además de otras actividades. Después de la experiencia en el pueblo de Totsugawa, tuvo la oportunidad de participar en un estudio multidisciplinario en torno al tema de la "tensión social" organizado por la UNESCO. Todo esto también contribuyó a que fuera a Brasil para estudiar la sociedad de migrantes japoneses antes de completar su primer año de trabajo en la Universidad de Tokio.

Durante el segundo viaje a Brasil, se desplazó de Brasil a Bolivia con Hiroshi Saito, antiguo compañero y sociólogo de origen japonés. Precisamente, ahí se encontró con agrónomo Kiyoshi Yamamoto, residente japonés que vivía en Brasil y retornaba del Perú. Yamamoto, que traía consigo unas vasijas preincas de barro regaladas por Yoshitaro Amano, les invitó a tomar whisky con la misma agua del Lago Titicaca. De ese modo, una tarde bogando en el lago los tres bebieron whisky en tales vasijas degustando de su agua clara y fría. Al día siguiente, al llegar a Lima Izumi se reunió con Yoshitaro Amano. Ahí de día, ambos visitaban las ruinas del desierto y, de noche, hablaban de la historia universal antigua y contemporánea mientras bebían licor. Si bien Izumi ya no podía volver al Asia nor-oriental, campo que había recorrido al derecho y al revés y que el consecuente cambio de situación política ahora se lo impedía, por otra parte las grandiosas montañas y desiertos de los Andes le fascinaron. Así, Izumi decidió asumir el reto de la arqueología andina. Luego, visitó al profesor Gordon Willey de la Universidad de Harvard que estaba en la vanguardia en cuanto al estudio arqueológico de los Andes y participó en un seminario durante casi medio año. Tan pronto como regresó a Japón hizo todo lo posible para organizar un equipo de investigación sobre los Andes.

Para tal fecha, en la Universidad de Tokio ya se había conformado un equipo de investigación para Irak e Irán encabezado por Namio Egami. El tema principal era excavar ruinas de la edad neolítica en Mesopotamia y aclarar la historia del origen de la civilización humana. Por su parte, el tema principal del equipo organizado por Izumi intentaba aclarar los orígenes de la Civilización Andina. Por lo tanto, desde 1960 han comenzado excavaciones intensivas en las ruinas de Kotosh, ubicada en la cuenca de las montañas del Perú. Este sitio fue seleccionado a través de un examen minucioso de los resultados de la primera Expedición Científica de la Universidad de Tokio a los Andes en 1958,[20] una prospección arqueológica dirigida por Ishida y efectuada por casi todo el Perú y algunas partes de Bolivia y Chile. Prácticamente, todos los miembros del equipo desconocían el Perú y además, la vida en tiendas de campaña resultó ser complicada por el calor y los insectos. El trabajo de campo requería hacer intercambios con los habitantes de Huánuco, a 5km de distancia. Por ejemplo, los preparativos de Izumi como invitar a personas distinguidas de la ciudad de Huánuco a la inauguración de la excavación gozaron de mucha aceptación. Internamente, Yoshitaro Amano asumió la dirección de las tertulias después de la ceremonia de inauguración.

Para la época, la "Cultura Chavín" era considerada como el

差した手の神殿」と命名し、文明は神殿から始まるすなわち「初めに神殿ありき」と声高に提唱した。*21 そして日本へ帰る途中でハーバード大学にウィリー教授を訪ね、成果を報告する。ウィリーはこれを喜び、後年その著書で詳しくコトシュの成果を紹介している。以後、東京大学の考古学者たちは形成期（社会、経済、技術など文明の基盤が形成された時代）に主眼を置き、アンデス文明の起源にかかわる神殿を相次いで発見することになる。

天野と出会ってわずかに14年、酒を酌み交わし、李白の詩や土井晩翠の詩を吟じ、暇さえあれば博物館で遺物を語る天野に耳を傾けていた。そしてその14年の間にアンデスに関する著書を多く出版し*22、ラテンアメリカ関係の事典や全集の編集を担当し、大学内外の要職をこなし、まさに超人的な働きであった。岡本太郎の熱気と梅棹忠夫の物静かな情熱に呼応して大阪万博そして国立民族学博物館創設へとつないでいった動きは、かつて天野の意気に感じての素早い動きと軌を一にしているといえる。コトシュの成果*23 の上に立ってさらなる研究を進める方向を模索する1969年の調査ののち、1970年11月15日突然の死が泉を見舞った。享年55歳であった。

一対の「交差した手」はペルー最古の宗教芸術の代表格としてよく知られ、長年にわたって歴史教科書の冒頭を飾った。泉の死後、ペルーとワヌコへの大きな貢献を記念して、ワヌコ市の通りの一つがセイイチ・イズミ通りと命名された。

origen de la Civilización Andina. Sin embargo, excavaciones debajo de los estratos de esa cultura revelaron fases arquitectónicas más antiguas junto con cerámica desconocida inclusive para los arqueólogos peruanos. Poco después se descubrió un edificio elaborado de piedra y un friso de barro de manos cruzadas instalado en la pared del nivel más profundo del sitio. Estos hallazgos probablemente podrían fecharse a 2000 años a.C., y si esto fuera un templo, cabría decir que es el templo más antiguo no solamente del Perú, sino de América. Izumi inmediatamente lo denominó "Templo de las Manos Cruzadas" y propuso a viva voz que el surgimiento de la civilización tenía sus orígenes en los centros ceremoniales, es decir, "al principio hubo templo".*21 En el camino de regreso a Japón, visitó al profesor Gordon Willey en la Universidad de Harvard para comunicar sus hallazgos. Willey lo felicitó y años después presentó detalladamente los resultados de Kotosh en su obra. De ahí en adelante, los arqueólogos de la Universidad de Tokio principalmente se enfocaron en el Periodo Formativo –época en la cual las bases de la civilización como sociedad, economía y tecnología se habrían conformado– y continuaron realizando descubrimientos de centros ceremoniales relacionados con el origen de la Civilización Andina.

A solo 14 años del encuentro, Izumi y Amano seguían bebiendo licor juntos, recitaban poemas de Li Bai y Bansui Doi, y aprovechando el tiempo disponible Izumi visitaba el museo para escuchar noticias de Amano sobre materiales arqueológicos. Durante esos 14 años publicó muchos libros sobre los Andes,*22 editó enciclopedias y obras completas relacionadas con América Latina, condujo varios cargos importantes dentro y fuera de la universidad; ciertamente su quehacer parecía sobrenatural. Izumi no escatimó esfuerzos para realizar la Exposición General de primera categoría de Osaka y después el Museo Nacional de Etnología, en respuesta al entusiasmo de Taro Okamoto y a la pasión sosegada de Tadao Umesao. Del mismo modo, este actuar rápido correspondía al brío de Amano para aquel entonces. Después de las investigaciones de 1969 programadas para continuar los estudios en base a los resultados de Kotosh,*23 inesperadamente perdió la vida un 15 de noviembre de 1970. Falleció a la edad de 55 años.

El par de "Manos Cruzadas" es muy conocido como la representación de arte religiosa más antigua del Perú y por muchos años ocupó la primera parte de los textos de historia nacional. Después de la muerte de Izumi, una calle en la ciudad de Huánuco fue denominada "Jirón Seiichi Izumi" en conmemoración de sus notables contribuciones a la cultura peruana y huanuqueña.

1963年のコトシュ発掘における泉靖一。／©東京大学アンデス調査団
Seiichi Izumi en la excavación de Kotosh, la temporada de 1963. / ©Misión Arqueológica de la Universidad de Tokio

形成期中期コトシュ・コトシュ期の 5 面土器。従来知られていなかった、「チャビン文化」より古い土器の 1 例。／©東京大学アンデス調査団
Cuenco con 5 rostros humanos de la fase Kotosh Kotosh, el Periodo Formativo Medio. Ejemplo de cerámica más antigua que la "Cultura Chavín". / ©Misión Arqueológica de la Universidad de Tokio

「交差した手の神殿」の内壁。2 つの縦長のニッチの下に一対の「交差した手」が据え付けられている。1960 年には「男の手」（左）だけが発見されたが、発掘のあとに心ない訪問者によって傷つけられた。「女の手」（右）の発掘は 1963 年である。そのため残念ながら両者が良好な状態で並んだ写真は存在しない。／©東京大学アンデス調査団
Lado interior del Templo de las Manos Cruzadas. Debajo de dos nichos alargados verticalmente se encuentra un par de las "Manos Cruzadas". En 1960 solo las "Manos de Hombre" (a la izquierda) fueron descubiertas, pero después de la excavación fue malograda por un visitante despiadado. En 1963 se halló el complemento, las "Manos de Mujer" (a la derecha). Lamentablemente no existe ninguna foto que registre las dos piezas juntas en buen estado de conservación. / ©Misión Arqueológica de la Universidad de Tokio

1963 年、「女の手」を発掘する故・曾野寿彦（東京大学）。江上波夫のイラク・イラン調査団に 2 回参加したのち、コトシュにて発掘主任を 2 回勤めた。1960 年の「男の手」の発見者・発掘者でもあり、興奮に手が震えたと述懐している *24。泉ら人類学者が主体の発掘現場において、考古学の専門家として調査を支えたが、1968 年にわずか 45 歳で急逝した。同年、調査団は初代団長の石田英一郎も失った。／©東京大学アンデス調査団
Toshihiko Sono (Universidad de Tokio) descubriendo las "Manos de Mujer" en 1963. Sono también participó dos veces en la expedición arqueológica a Irak e Irán dirigida por Namio Egami y posteriormente se volvió jefe de campo en Kotosh dos veces. Él también encontró y descubrió las "Manos de Hombre" en 1960 y ha narrado nostálgicamente cómo le temblaban las manos de emoción.*24 Apoyó bastante como arqueólogo especializado en excavaciones de campo dirigidas principalmente por antropólogos como Izumi. Repentinamente falleció en 1968 con tan solo 45 años. Ese mismo año la Misión también perdió a Eiichiro Ishida, su primer jefe. / ©Misión Arqueológica de la Universidad de Tokio

泉の没後の 1971 年、セイイチ・イズミ通りの命名と同時に、その近くに建てられた記念碑。／© 鶴見英成
Monumento conmemorativo a Izumi que simultáneamente mantiene la denominación del Jr. Seiichi Izumi por su vecindad en 1971, después de su muerte. / ©Eisei Tsurumi

ワヌコ市民は「交差した手」を地元の誇りとし、その意匠は土産物から大学の校章まで街中にあふれている。しかし「男の手」は失われ、「女の手」はさらなる被害を避けるため首都リマに移送された。それから半世紀が経ち、それが実際にどんなものだったのかを市民は忘れかけていた。UMUT は本展に展示されている石膏型から一対のレプリカを制作し、2013 年より国立ワヌコ大学附属博物館にて海外モバイルミュージアムとして公開している *25。／© 鶴見英成
Los ciudadanos huanuqueños sienten orgullo por las "Manos Cruzadas" de su tierra y su diseño inunda las calles, así como desde souvenires hasta el escudo universitario. Sin embargo las "Manos de Hombre" fueron destruidas y "las Manos de Mujer" fueron trasladadas a Lima para evitar el mismo problema. Ha pasado medio siglo y los huanuqueños ya casi han olvidado como eran las piezas. El Museo Universitario de la Universidad de Tokio (UMUT) ha hecho un par de réplicas utilizando moldes de yeso expuestos en la exhibición actual y se muestran como parte del "Museo Móvil" en el Museo Regional Leoncio Prado de la Universidad Nacional Hermilio Valdizán desde 2013.*25 / ©Eisei Tsurumi

寺田和夫とカハマルカ

　外地にとけこむ方法というのは、むこうの社会の一員になって、まるで日本国籍を離脱しなければならないように聞こえるとすれば、それは私の意図しなかったことである。一定の年齢になってから、自分の母国の文化をかなぐり捨てることなどできるものではないし、向こう側もそんなことを期待してはいない。日本人としての文化的な統合性によって生きながら、外国の文化の中に入り込むことが大切なのだし、それ以外のことはできない。ただ、外国人が感じるように感じる実験をしてみることは、一種の知的冒険である。（寺田和夫1977『アンデス一人歩き』pp.181-182）*26

　寺田和夫はペルー人とペルー文化を愛しつつも、日本とペルーの相違の際立つような場所や状況に進んで身を投じてひとり懊悩し、その一方でペルー人から愛された。早すぎた死に際して、文化庁・博物館・大学などで多くの追悼会が催され、考古学者たちの談話と共にそれが新聞で報じられた。ペルー文化への深い造詣と、巧みなスペイン語を駆使しての洒脱な会話を懐かしむ声が多かった。

　寺田和夫は1928年神奈川県横浜市に生まれた。1945年第一高等学校入学、1948年4月東京大学理学部に入学し人類学を専攻、大学院に進学後1953年中退して鳥取大学医学部助手に就職した。その頃石田英一郎が東京大学教養学部に文化人類学教室を設立する準備をしており、総合人類学の構想を持っていた石田の要望で、1956年にできたばかりの文化人類学教室の助手になった。

　もともとは双生児の形質学的研究が専門であったが、文化人類学の中での形質（自然）人類学の授業や実習を担当するうち文化サイドの人類学との交流が深まった。折しも泉靖一がアンデス考古学を主体としたプロジェクトを立ち上げることになった。アンデスでは、墓地から土器や織物などと共にたくさんのミイラ化した遺体が出土する。人骨その他身体面の研究は重要である。泉はアンデス地帯学術調査団を組織するにあたり寺田に研究と調査団の事務的な仕事を託した。こうして寺田は1958年初めてペルーの地を踏んだ。

　この第1回目の遠征は中央アンデス地帯の広域にわたる遺跡探索を主要課題としていた。寺田も北はエクアドルとの国境に近いトゥンベスから南はボリビア高地のティワナクまで広くアンデス地帯を旅行した。そしてペルー人の考古学者と共にトゥンベス市近郊のガルバンサルとペチチェ、北中央海岸のカスマ市に近いラス・アルダスの遺跡で小規模な発

Kazuo Terada y Cajamarca

　No intento decir que uno tiene que hacerse miembro de otra sociedad dejando su nacionalidad japonesa para adaptarse a una tierra extranjera. Es imposible abandonar la cultura de su madre patria después de alcanzar cierta edad, y es algo que tampoco se espera del otro lado. Lo importante es meterse en una cultura extranjera manteniendo su integridad cultural como japonés, y es todo lo que se puede hacer. Sin embargo, es una especie de aventura intelectual el experimentar como se sienten los extranjeros. (Terada 1977 pp.181-182)*26

　Aunque Kazuo Terada amó al Perú y a su gente, él se atormentaba viendo solo los lugares o situaciones donde encontraba destacadas diferencias entre este país y Japón. Aun así fue amado por los peruanos. Muchas ceremonias fúnebres fueron celebradas en el Instituto Nacional de Cultura, museos y universidades del Perú como reacción a su muerte prematura, y varios periódicos informaron al respecto con comentarios hechos por arqueólogos. Varios de ellos recordaron con nostalgia sus profundos conocimientos sobre la cultura peruana y su conversación refinada y natural usando su ingeniosa habilidad con el castellano.

　Kazuo Terada nació en la ciudad de Yokohama, prefectura de Kanagawa, en el año 1928. En el año 1945 entró en la Escuela Secundaria Superior *Daiichi*. En abril de 1948 entró a la Facultad de Ciencias de la Universidad de Tokio, especializándose en antropología. Después de acceder al curso de posgrado, en 1953 lo dejó y trabajó como asistente en la Facultad de Medicina de la Universidad de Tottori. En ese momento Eiichiro Ishida estaba preparando el establecimiento del curso de antropología en la Facultad de Artes Libres de la Universidad de Tokio. En 1956 Terada se hizo asistente de este nuevo curso de antropología a pedido de Ishida, quien tenía la visión de una antropología integral.

　Terada se especializó originalmente en el estudio de los rasgos físicos de gemelos, pero mientras tuvo a cargo los cursos y prácticas de antropología cultural, especialmente de antropología física (biológica), profundizó más su interés en el lado cultural. Coincidentemente, Seiichi Izumi organizó un proyecto enfocado en la arqueología andina. En los Andes se excavaban muchos cuerpos momificado acompañados de cerámica, tejidos, y otros objetos en las tumbas. El estudio de huesos humanos a través de sus características físicas era importante. Izumi organizó un equipo de investigación en los Andes dejando a cargo de Terada tales estudios así como trabajos de oficina. De esta manera, Terada pisó por primera vez el Perú en el año 1958.

　El tema principal de esta primera expedición fue explorar las ruinas que se extienden ampliamente por todos los Andes centrales. Terada, al igual que otros, viajó y recorrió esta región desde Tumbes, al Norte, cerca de la frontera con Ecuador hasta Tiwanaku, al Sur, en las zonas altas de Bolivia. Realizó pequeñas excavaciones con arqueólogos peruanos en las cercanías de la ciudad de Tumbes, en los sitios arqueológicos de Garbanzal y Pechiche, y en la costa nor-central cerca de la ciudad de Casma, en el sitio de Las Haldas. La excavación de Tumbes la llevó a cabo con Naotsune Watanabe (Universidad de Tokio) en el año 1960 y tuvo éxito en colocar la cronología de Pechiche alrededores del 800 a.C.*27 Sin embargo, luego de su investigación, el estudio sobre las culturas de Pechiche y Garbanzal no se prosiguió y quedó sin solucionar. Terada también participó en las excavaciones en los años 1960, 1963 y 1966 en Kotosh, departamento de Huánuco, y después de los trabajos de campo dio clases de antropología a

掘を行った。トゥンベスでの発掘は 1960 年に渡辺直経（東京大学）と共に再度行なって、土器資料の収集に成功し、紀元前 800 年前後にペチェを位置づけることに成功した*27。しかしその後ペチチェ文化とガルバンサル文化の研究はなく、未解明の問題として残っている。寺田はまた 1960、63、66 年にワヌコ県でのコトシュの発掘にも参加し、その後請われて国立ワヌコ大学で人類学の教員を半年間勤めている。

　泉の死後、寺田はアンデス考古学研究を引きついで「日本核アメリカ学術調査団」のリーダーとなり、1975 年にラ・パンパ*28、そして 1979 年から 85 年にかけてはカハマルカ盆地のワカロマ、ライソンなどの発掘調査団を率いて、カハマルカ地方の形成期からインカ期までの 4 千年にわたる編年体系の確立、形成期末期（紀元前 250–50 年）ライソン文化の発見など大きな功績を遺した*29。削り込んだ岩盤と石壁で建てられた壮麗なライソン遺跡はカハマルカ盆地を見下ろす山腹に展開しており、「日本人が第 2 のマチュピチュを発見」との全国区でのセンセーショナルな報道もあって、カハマルカの考古学に注目を集めた。カハマルカの市街自体が、フランシスコ・ピサロがインカ帝国の王位継承者アタワルパをとらえ、膨大な黄金を奪って処刑したという史跡であるが、それまで関心を持つ考古学者は決して多くなかった。しかし寺田の調査を契機として多くの興味深い遺跡の存在が世に知られ、研究の盛んな地域へと躍進したと言ってよい。とくに、考古学史上それまで大きく扱われることのなかったカハマルカ文化は、形成期の直後からインカ帝国期まで約 1500 年にも及ぶ、ユニークな地方文化として注目されるようになった。日本はもちろん、アメリカ合衆国などからも発掘調査隊が現在も頻繁にカハマルカを訪れている。

　寺田は人類学者であるだけでなく、ペルアニスタであった。すなわち考古学以外の面でもペルーに深い関心を寄せていた*30。1958 年に残務整理でしばらくリマに滞在する間に、外交官で歴史研究者でもあったハイメ・カセレスと知己になり、リマ市街の教会などを案内されて、ペルーの植民地時代や近代初期の歴史に傾倒した。サンタ・ローサ・デ・リマやアフリカ系のサン・マルティンの生涯やリカルド・パルマの『ペルーの伝承』を読むかたわら、18 世紀後半にクスコ地方で大反乱を起こしたトゥパック・アマルにも興味を持ち、研究の結果を日本で出版した。また日本とペルーの国交樹立のきっかけとなったマリア・ルース号事件の顛末にも詳しく、短いながらも 2 篇の論文を発表している。そのほか『日本の人類学』*31 はじめ人類学から民族学にいたる広範囲の著作を刊行し、またペルー、エクアドル、コロンビアの先史文化の展覧会開催に尽力したが*32、病を得て 1987 年 59 歳をもって他界した。その没後、文化省カハマルカ支局には寺田の肖像写真を掲げたカズオ・テラダ講堂が設けられ、今も文化・教育に関するイベントの場として市民に親しまれている。

pedido de la Universidad Nacional Hermilio Valdizán en la ciudad de Huánuco por medio año.

Después de la muerte de Izumi, lo sucedió Terada en el estudio de la arqueología andina como director de "La Expedición Científica Japonesa a la América Nuclear" dirigiendo las excavaciones en el sitio arqueológico de La Pampa en el año 1975,*28 y en los sitios de Huacaloma y Layzón en la cuenca de Cajamarca del año 1979 al 1985. Dejó importantes resultados como fueron el establecimiento de la cronología de 4000 años desde el Período Formativo hasta el Periodo del Imperio Inca en Cajamarca, el hallazgo de la cultura de Layzón del Periodo Formativo Final (250-50 a.C.), entre otros.*29 El sitio arqueológico de Layzón es un grandioso conjunto arquitectónico formado por muros de piedras y roca madre tallada situado en la ladera de un cerro que domina la cuenca de Cajamarca. Fue informado de manera sensacionalista como el "descubrimiento del segundo Machu Picchu por los japoneses", logrando que la arqueología cajamarquina llame la atención del público. La misma ciudad de Cajamarca es un sitio histórico donde Francisco Pizarro capturó a Atahualpa, el heredero al trono inca, matándolo después de tomar una gran cantidad de objetos de oro. Sin embargo, no muchos arqueólogos tenían interés en esta zona. Cabe mencionar que el descubrimiento de varios sitios arqueológicos interesantes por las investigaciones de Terada elevó a Cajamarca como una de las regiones más activamente estudiadas. La Cultura Cajamarca en especial, la cual no se había tratado tanto en la historia de arqueología anteriormente, llamó la atención como una cultura local con características singulares que perduraban desde aproximadamente los 1500 años después del Periodo Formativo hasta el Imperio Inca. Excavaciones arqueológicas de la Cultura Cajamarca se llevan a cabo actualmente tanto por investigadores japoneses como por investigadores de otros países, como los Estados Unidos.

Terada no era solo antropólogo sino peruanista, es decir, tenía un gran interés por el Perú aparte de la arqueología.*30 En el año 1958, durante una estadía en Lima despachando asuntos pendientes, conoció a diplomático e historiador Jaime Cáceres, quien lo guió por iglesias de Lima y otros sitios, interesándolo en la historia de la época colonial y la primera etapa moderna del Perú. Además de leer acerca de la vida de Santa Rosa de Lima, del santo de origen africano San Martín de Porras y las "Tradiciones Peruanas" escritas por Ricardo Palma, tuvo también interés en la persona de Túpac Amaru, quien dirigió la gran rebelión en la región de Cusco en la segunda mitad del siglo XVIII, publicando el resultado de estos estudios en Japón. Asimismo obtuvo detalles sobre el incidente de la barca "María Luz" que marcó el inicio de las relaciones entre Japón y Perú, presentando dos tratados cortos. Publicó amplias obras, incluyendo *"Nihon no Jinruigaku"* (Antropología en Japón),*31 la cual llevaba a ver la etnología desde la antropología, y se esforzó en celebrar exposiciones de los períodos prehistóricos de Perú, Ecuador y Colombia.*32 Sin embargo, falleció por una enfermedad en el año 1987 a la edad de 59 años. Después de su muerte, la Dirección Desconcentrada de Cultura de Cajamarca del Ministerio de Cultura inauguro un auditorio que lleva el nombre de "Kazuo Terada" adornado con su retrato, sala que hasta hoy es utilizada por los ciudadanos como lugar para eventos culturales y educativos.

1960年、リマタンボ空港にて、泉靖一、寺田和夫、天野芳太郎（左より）。／©東京大学アンデス調査団
Desde la izquierda: Seiichi Izumi, Kazuo Terada y Yoshitaro Amano en el aeropuerto de Limatambo, 1960. / ©Misión Arqueológica de la Universidad de Tokio

1979年、ワカロマ遺跡の発掘開始にあたり測量原点に杭を打つ寺田和夫。／©東京大学アンデス調査団
Kazuo Terada clavó la estaca como punto de referencia para empezar la excavación de Huacaloma en 1979. / ©Misión Arqueológica de la Universidad de Tokio

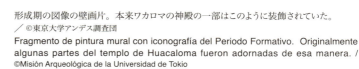

ワカロマ遺跡の重なり合った基壇建築。調査団はこの大遺跡を最終的に5シーズン発掘することになった。／©東京大学アンデス調査団
Las plataformas superpuestas de Huacaloma. En total la Misión ha excavado por 5 temporadas en este sitio grande. / ©Misión Arqueológica de la Universidad de Tokio

形成期の図像の壁画片。本来ワカロマの神殿の一部はこのように装飾されていた。／©東京大学アンデス調査団
Fragmento de pintura mural con iconografía del Periodo Formativo. Originalmente algunas partes del templo de Huacaloma fueron adornadas de esa manera. / ©Misión Arqueológica de la Universidad de Tokio

ライソン遺跡。形成期中期に岩盤を削った神殿が建設され、形成期末期にライソン文化の人々が石造りの基壇を築いて再利用した。／©東京大学アンデス調査団
El sitio arqueológico Layzón. En el Periodo Formativo Medio fue construido un centro ceremonial esculpido en roca madre y en el Formativo Final fue reutilizado por los habitantes de la Cultura Layzón que construyeron plataformas de piedra. / ©Misión Arqueológica de la Universidad de Tokio

文化省カハマルカ支局のカズオ・テラダ講堂。／©ペルー文化省カハマルカ支局
La sala "Kazuo Terada" de la Dirección Desconcentrada de Cultura de Cajamarca del Ministerio de Cultura. / © Dirección Desconcentrada de Cultura de Cajamarca del Ministerio de Cultura

むすびに：黄金郷への道

　1980年代のペルーはテロリズムの脅威により、外国人が安心して滞在するのは難しい状況となったが、そんな中でも寺田和夫の調査団は北部山地カハマルカ県で形成期の研究を続けていた。また70年代後半より北部海岸ランバイェケ県にて、中学生の時にアメリカ合衆国に渡り、アメリカ考古学を学んだ島田泉（南イリノイ大学）が調査を開始した。島田は、地方王国期のランバイェケ県にチムー文化に先立つ独立的・自律的な文化があったことを示し、シカン文化と命名した。以来、島田のシカン文化学術調査団は、中期シカン文化の首都であるシカン遺跡を中心に、編年・環境・技術・社会組織などについて学際的研究を続けている[33]。また松本亮三（東海大学）は1990年に国家形成をテーマとして、島田と連携してランバイェケ県にてシカン文化の遺跡を調査した。さらに東海大学新大陸学術調査団を組織し、山地と海岸の間の関係に着目してランバイェケ県やアンカシュ県で調査を展開した[34]。

　東京大学の調査団では泉靖一につづいて寺田も早すぎる死を迎えたが、その後の歩みについて簡単に紹介したい。泉の学生であった大貫良夫（東京大学）が東京大学古代アンデス文明調査団を組織し、カハマルカ県の形成期神殿クントゥル・ワシにて1988年より調査を開始した。クントゥル・ワシは46年と55年の年代の部分的な発掘にて石彫や黄金製品が発見された、国指定遺跡である。外国人でありながらこの特別な遺跡に触れる許可を与えられたのは、コトシュやワカロマの調査成果がペルー政府に高く評価されたために他ならない。以来発掘は2002年まで12シーズンを数える長丁場となった[35]。大規模建築・金属器・土器などの重要な資料が膨大に得られたのみならず、本展では紹介する機会がないが、年代測定、人骨・獣骨分析など自然科学との学際的連携[36]も進展し、クントゥル・ワシを巡る社会の過程は詳細に解明された。そして調査団は「神殿更新仮説」という理論に到達し、中央アンデスの広域にわたる文明形成過程を、神殿をキーワードとして描き出した[37]。コトシュ以来の研究課題を大きく前進させたのである。また1989年と90年に発掘された黄金製品は予期せぬ結果をもたらした。地元クントゥル・ワシ村はインフラや治安上の不備の多い小村であったが、村人たちは黄金を地元で保管したいと強く希望し、一方ペルー政府は首都リマでの管理を当然のこととした。調査団は双方と調整を重ね、日本での巡回展[38]および日本外務省の草の根無償援助によって資金を調達し、1994年に遺跡のふもとにクントゥル・ワシ博物館を建設したのである[39]。調査団のサポートのもと村民のNPOが博物館を運営し、それ

Palabras finales: el camino hacia El Dorado

　Aunque en la década de 1980 el Perú sufrió por el terrorismo y era difícil para los extranjeros permanecer en ese país con tranquilidad, el equipo de Kazuo Terada continuó el estudio del Periodo Formativo en Cajamarca. Desde la segunda mitad de 1970 también inició sus investigaciones en la región de Lambayeque en la costa norte Izumi Shimada (Universidad de Southern Illinois), quien se había establecido en Estados Unidos cuando era alumno de la escuela secundaria y había estudiado luego arqueología americana. Shimada demostró que en el Periodo de Estados Regionales hubo una cultura independiente y autónoma anterior a la Cultura Chimú en esa región, y la denominó Cultura Sicán. El Proyecto Arqueológico Sicán, dirigido por Shimada, continúa hasta hoy su estudio interdisciplinario sobre cronología, medio ambiente, tecnología y organización social, concentrándose en el Complejo Arqueológico Sicán, la capital de la Cultura Sicán.[33] En el año 1990 Ryozo Matsumoto (Universidad de Tokai) comenzó sus investigaciones en sitios arqueológicos de la Cultura Sicán en Lambayeque en cooperación con Shimada con el tema sobre la formación del estado. Luego organizó la Expedición Científica al Nuevo Mundo de la Universidad de Tokai y desarrolló estudios tanto en Lambayeque como en Ancash, enfocándose en la interacción entre la sierra y la costa.[34]

　En el grupo de la Universidad de Tokio, tras el fallecimiento de Kazuo Terada siguió la temprana partida de Seiichi Izumi. A continuación, presentaremos la historia que continuó luego de ellos. Yoshio Onuki (Universidad de Tokio), uno de los alumnos de Izumi, formó la Misión Arqueológica de la Universidad de Tokio y empezó sus excavaciones a partir del año 1988 en un centro ceremonial formativo llamado Kuntur Wasi, ubicado en Cajamarca. En este sitio, ahora patrimonio nacional peruano, se recuperaron monolitos y objetos de oro a través de investigaciones parciales en los años 1946 y 1955. Precisamente por el gran aprecio obtenido por los resultados de las investigaciones en los sitios arqueológicos de Kotosh y Huacaloma, es el que el gobierno peruano decidió permitir a la Universidad de Tokio tocar este sitio especial a pesar de su nacionalidad. Desde entonces, se han dado 12 temporadas de excavaciones en un largo periodo hasta el año 2002.[35] Fueron descubiertos una enorme cantidad de materiales importantes como arquitectura monumental, objetos de metal y cerámica, y aunque no hubo oportunidad de incluirlos en la presente exhibición, debemos mencionar que los estudios interdisciplinarios progresaron, incluyendo campos de las ciencias naturales como la datación radiocarbónica, el análisis de materiales óseos humanos y animales.[36] Como resultado, el proceso social en Kuntur Wasi fue aclarado detalladamente. Además la Misión logró establecer la teoría sobre el rol de la "renovación del centro ceremonial", la cual describe el proceso de formación de la civilización en los Andes Centrales desde un punto de vista macroscópico tomando el centro ceremonial como pieza clave.[37] Así progresaron bastante las respuestas al problema surgido en Kotosh. Al mismo tiempo, los objetos de oro descubiertos en 1989 y 1990 trajeron un resultado inesperado. Los habitantes del pueblo actual de Kuntur Wasi, siendo un caserío pequeño con muchas carencias en infraestructura y seguridad, deseaban la custodia de los objetos de oro en su localidad, mientras que el gobierno central naturalmente reclamaba su custodia en Lima, la capital. Mediante una repetida coordinación entre las opiniones de ambos, la Misión logró obtener un recurso financiero realizando exhibiciones sobre Kuntur Wasi en varias ciudades de Japón[38] y la donación del gobierno japonés, con lo

に伴って上下水道や電気や舗装道の敷設など、村の環境は大幅に改善されることになった。博物館を通じて考古学の研究成果が地域開発に結びついたのである。2009年には希有の会という日本の支援団体も発足した。なお2014年に20周年を迎えたクントゥル・ワシ博物館は展示をリニューアルし、東京大学総合研究博物館もその展示デザインに協力した。

　以上のような、研究と国際協力の成果についてはこれまでも他所で書かれてきたことである。本稿ではそれとは別に研究史上のクントゥル・ワシの役割について紹介したい。話は1960–70年にさかのぼる。生前の天野芳太郎、泉靖一、寺田和夫らは何度も日本で展覧会を企画し、その没後も日本における両アメリカ大陸の古代文明展は好評であった。国内に既存の貴重なコレクションとして、森下精一の収集品は地元のみならず全国規模の企画展にたびたび貢献してきた。野内与吉がインフラ整備したマチュピチュ遺跡は、日本人の関心を持つ世界遺産として不動の1位とも評される。1990年代からは島田泉のシカン文化研究も展覧会やテレビで大きく紹介された*40。こういった努力により、アンデス文明やメソアメリカ文明の文物は日本人の知るところとなった（興味本位に情報が歪曲された報道が多かったが）。とくに幼少時から学習雑誌やテレビ番組、そして展覧会を通してそれらに触れてきた世代の中から、漠然とあるいは明確に古代アメリカに興味を寄せる若者が育った。こうして90年代半ば、大貫良夫のもとにかつてない数の大学院生が集まることとなった。先人たちが60–70年にまいた種が実ったのである。折しもペルーの政情不安は沈静化し、大貫は彼らをクントゥル・ワシに連れて行った。研究スペースを併設したクントゥル・ワシ博物館をベースキャンプとして、ペルー人考古学者たちも多数交えた、かつてないほどの大規模な国際調査団の誕生であった。日本人学生たちは考古学的思考力に加えて体力・語学力・安全管理能力・社交性といった、フィールドワーカーとしての総合的な資質を鍛えられることとなった。大貫の退官に伴いアンデス調査団はいったん東京大学での拠点を失ったが、引き続いて1999年より加藤泰建（埼玉大学）が埼玉大学アンデス調査団を組織し、クントゥル・ワシ調査を継続した。日本においては加藤と井口欣也が埼玉大学にて修士課程を、また関雄二が国立民族学博物館にて総合研究大学院大学博士課程を指導する、という形で後進教育は続いたのである。学舎としてのクントゥル・ワシの功績は、考古学史上永く語り継がれるべき一側面である。

　UNESCO／日本信託基金による遺跡修復保存プロジェクトを最後に、2002年にクントゥル・ワシの発掘はいったん終了した。東京大学の調査団が初期から体現してきた学際的な研究体制や、ペルー社会と連携した組織作りは、次世代に発展継承されている。関雄二は2005年より毎年、北部山地の神殿遺跡パコパンパを発掘しているが*41、国立民族学博物館とペルー国立サン・マルコス大学との提携による、初の正式な2ヶ国合同調査団となっている。クントゥル・ワシ遺跡発掘に最初から参加し、

que se construyó el Museo Kuntur Wasi,*39 el cual fue inaugurado en el año 1994 en las faldas del mismo sitio arqueológico. Bajo el soporte de la Misión, la ONL de los habitantes administra el museo, lo cual ha contribuido a mejorar la condición del pueblo con la construcción de servicios de agua potable y residual, luz eléctrica y pista asfaltada. El museo ha vinculado los resultados de la arqueología con el desarrollo de comunidad local. Una asociación japonesa denominada "Keunokai" que nació en el año 2009 presta apoyo a las actividades del museo. En el año 2014 el Museo Kuntur Wasi ha renovado su exhibición celebrando sus 20 años, labor apoyada en el aspecto museográfico por el Museo Universitario de la Universidad de Tokio.

　Ya ha sido descrito en otros textos sobre los resultados entre la investigación y la cooperación internacional. Aquí nos gustaría presentar otro rol del proyecto Kuntur Wasi en la historia de la arqueología andina. La historia comienza en las décadas de 1960 y 1970. Yoshitaro Amano, Seiichi Izumi y Kazuo Terada durante su vida realizaron varias exhibiciones sobre la antigua Civilización Andina en Japón, y luego de su muerte estas exhibiciones también tuvieron mucha aceptación entre los japoneses. Las piezas de la colección de Seiichi Morishita han contribuido no solo localmente, sino también de manera nacional, siendo una de las colecciones valiosas en Japón. Se considera a Machu Picchu, el sitio turístico con infraestructura diseñada por Yokichi Nouchi, el patrimonio de la humanidad que permanentemente ha interesado más a los japoneses. Desde la década de 1990, los estudios sobre la Cultura Sicán por Izumi Shimada también han sido presentados mediante exhibiciones y la televisión.*40 Gracias a tales esfuerzos, las civilizaciones antiguas de los Andes y Mesoamérica han llegado a ser de conocimiento de los japoneses (aunque también se han dado varias publicaciones con información mistificada de manera sensacionalista). Especialmente entre la generación familiarizada con estas civilizaciones a través de revistas educativas, televisión y exhibiciones desde su infancia, aparecieron jóvenes interesados en ellas vaga o claramente. Así se reunieron en cantidad sin precedentes varios estudiantes de posgrados bajo la tutela de Yoshio Onuki a mediados de la década de 1990, los cuales son el fruto de las semillas sembradas por pioneros en las décadas de 1960 y 1970. Gracias a que la inestabilidad de la situación política peruana se calmó, Onuki los llevó a Kuntur Wasi. Incluyendo la participación de varios arqueólogos peruanos, surgió una expedición internacional con escala sin precedente con su base en el Museo Kuntur Wasi, el cual obtuvo laboratorios. Se reforzó un talento integral en los estudiantes japoneses como investigadores de campo, es decir, no solo el pensamiento arqueológico, sino también fuerza física, lenguas, así como la facultad de mantener la seguridad y la sociabilidad. Con la jubilación de Onuki la misión arqueológica perdió su base en la Universidad de Tokio. Sin embargo, seguidamente Yasutake Kato (Universidad de Saitama) organizo la nueva misión con base en la Universidad de Saitama en el año 1999 y continuó las excavaciones en Kuntur Wasi. En Japón, Kato y Kinya Inokuchi dirigen el curso maestría en la Universidad de Saitama y Yuji Seki (Museo Nacional de Etnología) el curso doctorado en la Universidad de Posgrado para Estudios Avanzados, continuando así la educación de nuevas generaciones. Merece entonces valorarse el importante rol de Kuntur Wasi como una escuela en la historia de la arqueología.

　Terminado el proyecto para la preservación y la restauración en las ruinas por el Fondo Fiduciario UNESCO/JAPÓN, en el año 2002 culminaron las excavaciones en Kuntur Wasi. El sistema de estudio interdisciplinario y la formación de una organización

データ解析に大きく貢献した井口欣也は、2011年よりクントゥル・ワシの再調査に着手した。坂井正人(山形大学)は2013年にナスカ市内に創設された山形大学ナスカ研究所を拠点に、衛星画像情報の活用など先進的な手法を取り入れ、ナスカの地上絵の学際的研究を展開している[*42]。またクントゥル・ワシに学んだ大学院生たちは加藤や関の支援を受け、あるいはペルーやアメリカ合衆国への留学を通じ、ペルー各地に分散してそれぞれが発掘プロジェクトを立ち上げた。人類学者や考古学者として研究を続けて行くには、文系分野といえども博士号の取得が必須となったという時流の変化もその背景にある。そしてペルー考古学界には、一定の資格と経験があれば、若手でも外国人でも遺跡発掘の門戸を開くという懐の深さがあった。かくして日本人の若手一人が代表者となって、ペルー人考古学者数人と小規模な調査団を組み、遺跡を発掘して博士論文を執筆するという流れが生まれたのである。これが現在准教授・助教クラスの世代である。近年、シカン文化学術調査団でも同世代の日本人が博士号を取得した。いまや日本人研究者はペルー各地で様々な時代の研究に参画しており、国際学界の一大勢力となっている。横のつながりを活用して、相互連携によって包括的な文明論を切り拓いていくことが期待される。

黄金郷の開拓者たちとその後継者たちの、半世紀にわたる物語はここでいったん結ぶこととする。いずれ続きが書かれる日が来るだろう。

次の半世紀はすでに始まっている。

cooperativa con la sociedad peruana realizada por los equipos de investigadores de la Universidad de Tokio desde el principio, están siendo llevadas a la generación siguiente. Yuji Seki excava cada año desde el 2005 el sitio arqueológico Pacopampa,[*41] las ruinas de un templo ubicado en las tierras montañosas del norte peruano, proyecto ejecutado por equipos de investigadores de dos países unidos oficialmente por primera vez: el Museo Nacional de Etnología en Japón y la Universidad Nacional Mayor de San Marcos en Perú. Kinya Inokuchi, quien había participado en la excavación de Kuntur Wasi desde sus inicios y contribuyó mucho al análisis de sus datos, ha reiniciado las excavaciones en Kuntur Wasi desde el año 2011. Masato Sakai (Universidad de Yamagata) desarrolla un estudio interdisciplinario en las Líneas de Nasca usando técnicas avanzadas, como la información de imágenes por satélite, con base en el Instituto Nasca de la Universidad de Yamagata, inaugurado en la ciudad de Nasca en el año 2013.[*42] Además, los postgraduados que experimentaron las excavaciones en Kuntur Wasi diversos proyectos de excavación en distintos lugares de Perú, recibiendo la ayuda de Kato o Seki, o aprovechando en ir a los Estados Unidos o Perú para estudiar. Para continuar y profundizar los estudios en antropología o arqueología, con la corriente actual se ha vuelto indispensable obtener el título de doctor. Y el mundo arqueológico en Perú ha sido generoso en abrir sus puertas a la excavación de sitios aun si se tratan de investigadores jóvenes y extranjeros mientras tengan título fijo y experiencia. De esta manera, nació la nueva corriente en la cual un joven japonés organiza un equipo de investigación pequeño con arqueólogos peruanos, excava sitios como director de proyecto, y redacta su tesis doctoral. Esta es la generación a la cual pertenecen los profesores asociados y auxiliares de ahora. Recientemente, un japonés de esta generación en el equipo del Proyecto Arqueológico Sicán consiguió el título de doctor. Ahora los investigadores japoneses toman parte en el estudio de varias épocas en distintos lugares de Perú y forman una potencia en el mundo académico internacional. Se espera que la discusión global sobre la civilización esté abierta a la cooperación mutua utilizando una relación entre iguales.

Concluimos así por el momento las historias de medio siglo de los exploradores de El Dorado y sus sucesores. Alguien escribirá la continuación tarde o temprano.

La siguiente mitad del siglo ya ha comenzado.

クントゥル・ワシ遺跡で1946年に発見された石彫の両面。蛇目・角目ジャガーの図像(上)と、両方丸い目のジャガーの図像(下)の組合せは、1989年に出土した金製鼻飾りにも表現されている(48ページ参照)。／©クントゥル・ワシ調査団

Ambas caras del monolito de Kuntur Wasi hallado en 1946. La combinación de los motivos de "jaguar con un ojo redondo rodeado por serpiente y otro cuadrado" (arriba) y "jaguar con ojos redondos" (abajo) también está representada en la nariguera de oro descubierta en 1989 (véase la pagina 48). / ©Proyecto Kuntur Wasi

クントゥル・ワシ遺跡の正面。修復保存プロジェクトにより崩落した壁や階段が復元され、2003年より遺跡公園として公開された。／©クントゥル・ワシ調査団
La fachada de Kuntur Wasi. Por un proyecto de conservación y preservación los muros y escaleras fueron reconstruidos y abiertos al público como parque arqueológico desde 2003. /©Proyecto Kuntur Wasi

1997年、黄金製品を伴うB区1号墓の発掘。／©クントゥル・ワシ調査団
La excavación de la Tumba B-Tm1 asociada con objetos de oro en 1997. / ©Proyecto Kuntur Wasi

2014年9月、クントゥル・ワシ博物館の開館20周年式典の様子。／©鶴見英成
El Museo Kuntur Wasi celebrando sus 20 años en setiembre del 2014. /©Eisei Tsurumi

クントゥル・ワシ博物館において2013年よりUMUTが公開しているモバイルミュージアム「蛇のレリーフ」[43]。形成期後期後半のコパ期神殿の壁面を飾っていたオリジナルは埋め戻されて今も土の下にある。／©鶴見英成
Una réplica del "Altorrelieve de Serpiente" está expuesto en el Museo Kuntur Wasi desde 2013 como Museo Móvil de UMUT.[43] Actualmente la pieza original del altorrelieve que adorna la pared del Templo de la fase Copa, el Periodo Formativo Tardío Superior, está conservada in situ cubierta con tierra del sitio. /©Eisei Tsurumi

記念1ソル硬貨シリーズ「ペルーの財産と誇り」の絵柄として、東京大学の調査した遺跡が2カ所選ばれた。ワヌコ県代表として「コトシュ神殿」（2013年）、カハマルカ県代表として「クントゥル・ワシ遺跡の石彫」（2012年）である。それぞれ1000万枚発行されている[44]。／©鶴見英成
Como diseño conmemorativo de la cara de moneda de un sol, la serie numismática "Riqueza y orgullo del Perú" ha seleccionado dos sitios arqueológicos investigados por la Universidad de Tokio: el "Templo de Kotosh" (2013) como representante de la región de Huánuco y el "Monolito de Kuntur Wasi" (2012) de Cajamarca. La emisión máxima de cada moneda llega a los 10 millones.[44] /©Eisei Tsurumi

展示品解説

鶴見英成

Catálogo de piezas

Eisei Tsurumi

DEAMBULANTES en EL DORADO
Medio siglo de arqueología andina por los japoneses

大規模建築

　石や日干し煉瓦で築いた大規模建築はアンデス文明の特徴の一つである。ペルーでは砂漠や人里離れた山中にまだ大規模建築が眠っており、発見の時を待っている（考古学者ではなく盗掘者やブルドーザーかもしれないが）。多くの大規模建築遺跡は度重なる増改築の結果、長期間をかけてできたものである。ここでは、とくにこのような長期的な建築プロセスに関して、日本人研究者の果たした貢献について紹介していく。

　編年研究、すなわち過ぎた時間を計る基準作りは考古学の基礎であり、そしてアンデス考古学の弱点である。征服いらい盗掘が常態化してしまい、出自不詳の盗掘品によって基本的な時間的枠組みが出来てしまったためである。考古学者は発掘によってそれを検証し精緻化するのであるが、増改築の過程が観察できるような建築遺構は、編年の確立のために理想的である。日本人による発掘調査でも、建築を伴わない遺構（墓地、窯場、岩絵など）を主眼とした事例は少なく、ほとんどは建築を対象としてそれぞれの地域・時代の研究に貢献している。中でも学史上重要な研究成果は、泉靖一率いる東京大学アンデス地帯学術調査団による1960-66年のコトシュ遺跡発掘であろう。コトシュ遺跡の最下層で発見された形成期早期（または古期末期、紀元前3000-1800年）のミト期の建築群はいっさい土器を伴わず、しかも「交差した手」（時期の近いセロ・セチン遺跡の石彫に類例があり、おそらく人身供儀にまつわる宗教的テーマであろう）のような宗教美術を伴うため、家屋などではなく明らかに神殿であった。精巧な土器を特徴とする「チャビン文化」から神殿が生まれた、という当時の定説が覆ったのである。とくに大規模で洗練されたカラル遺跡をはじめ、1990年代より海岸部で「先土器神殿」は続々と見いだされ、活発な研究分野に成長した。対応する年代も古くなっていき、紀元前3000年を遡る測定値を出した神殿もある。コトシュは今なお山地においてもっとも充実した研究成果として言及されるが、その後長らく日本人による先土器神殿研究は空白であった。2005-06年に広田健（広島大学）が北部海岸の砂に埋もれた先土器のマウンド遺跡ワカ・プルパールを発掘したほか*45、明確に神殿と呼べる遺跡としては鶴見英成（東京大学）がモスキート遺跡を発見し、2009年より発掘している。

　ミト期の神殿は単に古いだけでなく、土器導入に先立つという点が重要である。あまたの人工物の中で、土器は文明史上特別な意味があるとされる。重く割れやすいため遊動的な生活に向かず、また直火で調理できない農作物の加熱に使われるとして、土器の登場は定住農耕社会

Arquitectura monumental

La arquitectura monumental construida con piedra y/o adobe es una característica de la Civilización Andina. En el Perú, en desiertos y entre montañas deshabitadas, todavía se esconden edificios monumentales desconocidos esperando el momento de su descubrimiento (ya sea por arqueólogos, huaqueros, o bulldozers). La mayoría de los sitios arqueológicos monumentales es consecuencia de renovaciones arquitectónicas repetidas durante largo tiempo. Presentaremos a continuación las contribuciones de los investigadores japoneses, especialmente aquellas referidas a este largo proceso de construcción.

　La cronología, es decir los criterios para estimar fechas del pasado, es un punto básico de la arqueología y también un punto débil de la arqueología andina. Esto se debe a que el saqueo de restos arqueológicos ha sido algo normal después de la conquista, y el marco cronológico de épocas prehispánicas fue construido utilizando piezas saqueadas sin los datos de su procedencia. Los arqueólogos comprueban y elaboran la cronología a través de excavaciones y los restos arquitectónicos son ideales para este estudio porque se puede observar el proceso de renovación. De las excavaciones realizadas por los japoneses, los proyectos que se enfocan en restos no arquitectónicos (cementerios, hornos, arte rupestre, etc.) son pocos. La mayoría tiene como objetivo principal la excavación de los edificios, contribuyendo al estudio de cada región y época. Dentro de la historia de estos estudios, las excavaciones realizadas en Kotosh entre los años 1960 y 1966 por la expedición científica de la Universidad de Tokio dirigida por Seiichi Izumi son quizá las más importantes. Los templos de la fase Mito que corresponde al Periodo Formativo Inicial (o Arcaico Final, 3000-1800 a.C.) hallados en el nivel más profundo de Kotosh no muestran ningún fragmento de cerámica y, además, están acompañados de arte religioso como "las Manos Cruzadas" (posiblemente un tema religioso relacionado con el sacrificio humano según ejemplos similares con algunos monolitos de Cerro Sechín, un centro ceremonial de la misma época), lo cual muestra claramente su carácter de templo y no de vivienda. La teoría predominante en aquella época que ponía a la "Cultura Chavín"– una cultura caracterizada por cerámica fina– como el momento en el cual aparecen los primeros templos, fue derribada. A partir de la década de 1990 los arqueólogos descubrieron varios "templos precerámicos" uno tras otro en la costa –como el caso de Caral, donde se presenta una extraordinaria dimensión y refinamiento–, y el tema sobre centros ceremoniales con tanta antigüedad llegó a ser un campo de estudio activo en la arqueología andina. Con el desarrollo de las investigaciones, las fechas respectivas también retrocedieron, encontrándose mediciones en templos que datan del 3000 a.C. Aun ahora se conocen los resultados de Kotosh como los más detallados para sitios serranos, pero luego de las investigaciones en este sitio, los arqueólogos japoneses se alejaron de los centros ceremoniales precerámicos por muchos años. En los años 2005 y 2006, Ken Hirota (Universidad de Hiroshima) excavó Huaca Pulpar, un montículo precerámico cubierto con arena en la costa norte.*45 Eisei Tsurumi (Universidad de Tokio) encontró el sitio arqueológico de Mosquito, un sitio precerámico con configuración claramente ceremonial y emprendió excavaciones en él a partir del año 2009.

Los templos de la fase Mito son importantes no solamente por ser muy antiguos, sino por ser anteriores a la introducción de la cerámica. Dentro de los objetos de fabricación humana, la cerámica tiene un significado especial en el estudio de las civilizaciones. Su

の成立の指標と見られていた。余剰生産物のコントロールから社会の階層化が起こり、強力なリーダーのもとでやがて大規模な建築が建てられる、というシナリオが想定されていたのである。ミト期神殿の発見はそれを否定し別のシナリオを提示した。鍵になるのはやはり神殿である。「交差した手の神殿」など一連のミト期神殿は、厚い灰層で「埋葬」されていた。島田泉（南イリノイ大学）が発掘した形成期神殿ワカ・ルシーア*46も、役割を終えたあと厚く埋葬されていたが、コトシュでは埋められた神殿の上に新しい神殿が建てられるという現象が反復されていた。東京大学の調査団はワカロマ遺跡やクントゥル・ワシ遺跡の発掘を経て、この「神殿更新」という活動の果たした役割を理論化した*47。本来それは、たとえば焼畑農耕のように死から生命が生まれることを象徴する、宗教的な儀礼だったのだろう。しかしこの儀礼は予期せぬ結果をもたらした。神殿更新のためには共同体は必要な労働力を前もって決定し、彼らのための食料供給を予測しなければならない。そのような必要性から食料生産が向上する。増えた人口によってさらに大きく更新が重ねられる。この過程において、技術は発展し、思想は錬磨され、社会は大規模化しながら複雑に組織化されていく。泉靖一はコトシュの発掘現場で「初めに神殿ありき」という言葉を遺したが、神殿という物体を契機として文明が萌芽したという仮説は、それから半世紀をかけて説得力を持つようになったのである。なお近年、中央アメリカのマヤ文明研究でも神殿建築の発祥が古く塗り替えられ、さらに西アジアでも牧畜や農耕の成立よりはるかに古くから神殿が成立していたことが分かってきている。神殿の発生のメカニズムを説明する理論の構築は人類史研究の基底的テーマである。

なお編年や更新過程以外での主要な研究テーマとして、建築内での饗宴や廃棄といった具体的な活動に関し、芝田幸一郎（神戸市外国語大学）*48や松本雄一（山形大学）*49がそれぞれ形成期神殿遺跡のデータからアプローチしている。また形成期の神殿建築や、チムー王国のチャン・チャン遺跡、インカ帝国期のクスコやビルカバンバ遺跡など都市に関して、坂井正人（山形大学）がその空間構造を眺望と関連づけて論考している*50。島田泉はモチェ文化のパンパ・グランデ遺跡や中期シカン文化のシカン遺跡を発掘調査し、神殿、工房、住居などの空間的配置から、それぞれ異なった都市のあり方を示している*51。

aparición ha sido considerada como un indicador de la formación de asentamientos agrícolas debido a que su transporte no es cómodo para grupos nómadas por su peso y fragilidad, y además es útil para cocinar productos agrícolas que no pueden ser colocados directamente sobre el fuego. Se suponía entonces un escenario hipotético donde el control de productos agrícolas excedentes habría causado la diferenciación social, y donde edificios monumentales habrían sido construidos bajo el mando de líderes poderosos. El descubrimiento de los templos de la fase Mito niega esta suposición y muestra otro escenario. La respuesta está en los mismos templos. Estos templos, incluyendo el "Templo de las Manos Cruzadas", fueron "enterrados" con una capa gruesa de ceniza. Huaca Lucía, un centro ceremonial formativo excavado por Izumi Shimada (Universidad de Southern Illinois) también fue enterrado después de ser utilizado,*46 sin embargo el caso de Kotosh merece prestar atención al repetido fenómeno en el que se construyó un templo nuevo encima un templo enterrado. Los investigadores de la Universidad de Tokio plantearon la teoría sobre el rol de la "renovación del centro ceremonial" después de sus excavaciones en Huacaloma y Kuntur Wasi.*47 En principio, esta es una ceremonia religiosa que puede simbolizar, por ejemplo, el tema del renacimiento de una nueva vida desde la muerte, como se da con la agricultura de roza y quema. Sin embargo, esta ceremonia causó un resultado inesperado. Para reconstruir el templo, la comunidad tiene que determinar con anticipación la cantidad de mano de obra requerida y calcular el abastecimiento de comida para alimentar a los participantes. Esta necesidad tiene como efecto el aumento de la producción de alimentos. El aumento de habitantes permite otra renovación a mayor escala. Este proceso circular promovió el progreso tecnológico y la elaboración ideológica, y a la vez que la sociedad crece, su organización se vuelve más compleja. Durante las excavaciones en Kotosh, Seiichi Izumi dijo "al principio hubo templo"; esta idea del templo como causal de formación de la civilización logró ganar fuerza medio siglo después. Cabe señalar que en los últimos años se ha confirmado que el origen del centro ceremonial es más antiguo de lo que se creía antes en los estudios sobre la Civilización Maya de Centroamérica. Además, en Asia Occidental se ha logrado elucidar que el templo habría precedido mucho antes el inicio de la ganadería y agricultura. La teoría que explica los mecanismos de formación del centro ceremonial es un tema fundamental en el estudio de la historia de la humanidad.

Fuera de la cronología y la renovación arquitectónica, otros temas importantes, como las actividades de festín y el control de desechos en los edificios, están siendo tratados por investigadores como Koichiro Shibata (Universidad de Estudios Extranjeros de la Ciudad de Kobe)*48 y Yuichi Matsumoto (Universidad de Yamagata)*49 respectivamente sobre la base de datos recogidos en sitios arqueológicos del Periodo Formativo. Masato Sakai (Universidad de Yamagata) está llevando a discusión la organización espacial tomando en cuenta el paisaje tanto en los centros ceremoniales del Periodo Formativo, como en la ciudad chimú de Chan Chan y las ciudades y sitios arqueológicos incas de Cusco y Vilcabamba.*50 Izumi Shimada, mediante sus excavaciones en el sitio de Pampa Grande de la Cultura Moche y varios sitios Sicán Medio de la Cultura Sicán, ha demostrado las características de cada ciudad considerando la ubicación espacial de los templos, talleres y viviendas.*51

コトシュ遺跡における神殿の重なり（1966年）。壁を共有した２つの部屋から成る「白の神殿」は、のちにその上に別の神殿群が建てられ覆われた。右側の部屋にかぶさって、発掘により半裁されたのちの神殿群の床が残っている。高い基壇の上に載っているのが「交差した手の神殿」である。その下におそらく「白の神殿」と同時期の建築が眠っている。／©東京大学アンデス調査団

Superposición de los templos en Kotosh (1966). El "Templo Blanco" consiste de dos recintos adyacentes cubiertos posteriormente por otras estructuras. La mitad de los pisos de los templos posteriores cortados por las excavaciones han quedado cubriendo el recinto de la derecha. El "Templo de las Manos Cruzadas" está situado encima de una plataforma alta y posiblemente cubre unos edificios contemporáneos con el "Templo Blanco" bajo él. / ©Misión Arqueológica de la Universidad de Tokio

「交差した手の神殿」壁面レリーフ「男の手」（石膏製レプリカ）

コトシュ遺跡（ペルー、ワヌコ県）／形成期早期（レプリカ作成1960年）／高376×幅463×厚160／東京大学総合研究博物館資料部

別の「男の手」レプリカが2013年よりモバイルミュージアムとしてワヌコ大学博物館にされている。

「交差した手の神殿」壁面レリーフ「男の手」（石膏型）

コトシュ遺跡（ペルー、ワヌコ県）／形成期早期（石膏型作成1960年）／高417×幅501×厚124／東京大学総合研究博物館資料部

レリーフの面は手の形状に合わせてX字形に4分割され、全体を1枚の板で裏当てして補強している。現存しない「男の手」の形状を正確にとどめたきわめて貴重な資料である。

Las "Manos de Hombre": altorrelieve del "Templo de las Manos Cruzadas" (réplica en yeso)

Kotosh (región de Huánuco, Perú) / Periodo Formativo Inicial (réplica moldeada en el año 1960) / 376 de alto x 463 de largo x 160 de ancho / UMUT

Otra replica está exhibida desde el año 2013 en el Museo Regional Leoncio Prado de la Universidad Nacional Hermilio Valdizán como Museo Móvil.

Las "Manos de Hombre": altorrelieve del "Templo de las Manos Cruzadas" (molde de yeso)

Kotosh (región de Huánuco, Perú) / Periodo Formativo Inicial (molde realizado en el año 1960) / 417 de alto x 501 de largo x 124 de ancho / UMUT

La superficie del molde está dividida en cuatro partes formando una "X" de acuerdo a los brazos cruzados y forrada por una tabla para su refuerzo. Este material es muy importante porque registra la forma exacta de las "Manos de Hombre" que ya no existen actualmente.

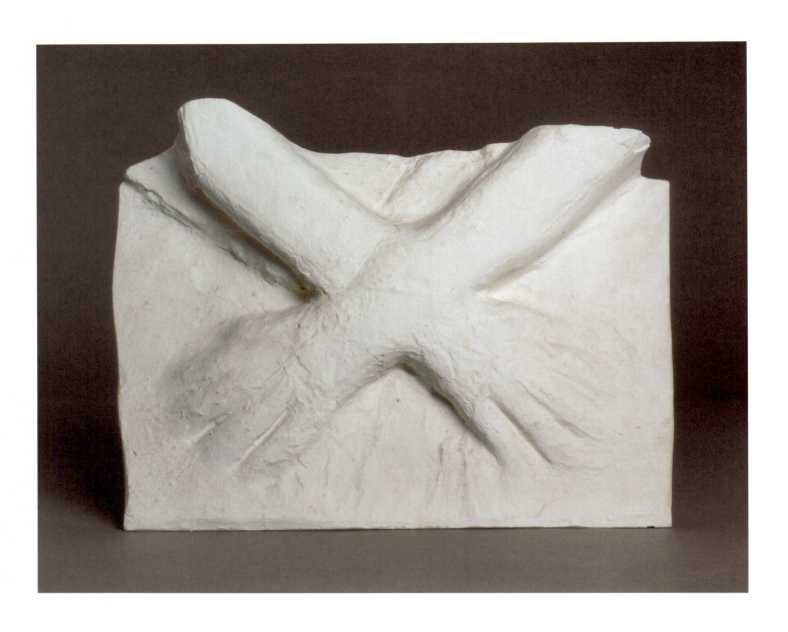

「交差した手の神殿」壁面レリーフ「女の手」（石膏製レプリカ）

コトシュ遺跡（ペルー、ワヌコ県）／形成期早期（レプリカ作成1963年）／高320×幅395×厚150／東京大学総合研究博物館資料部

「女の手」レプリカはほかに2点存在する。UMUTに彩色されたものが1点収蔵されているほか、1点が2013年よりモバイルミュージアムとしてワヌコ大学博物館に展示されている。

「交差した手の神殿」壁面レリーフ「女の手」（石膏型）

コトシュ遺跡（ペルー、ワヌコ県）／形成期早期（石膏型作成1960年）／高345×幅470×厚98／東京大学総合研究博物館資料部

レリーフの面は形状に合わせて7分割され、全体を1枚の板で裏当てして補強している。神殿壁面から切り取られた後で作成されたため、ペルー国立人類学考古学歴史博物館に展示されているオリジナルの「女の手」と輪郭が一致する。

Las "Manos de Mujer": altorrelieve del "Templo de las Manos Cruzadas" (réplica en yeso)

Kotosh (región de Huánuco, Perú) / Periodo Formativo Inicial (réplica moldeada en el año 1963) / 320 de alto x 395 de largo x 150 de ancho / UMUT

Existen dos réplicas más de las "Manos de Mujer", una a color en el UMUT y otra exhibida desde el año 2013 en el Museo Regional Leoncio Prado de la Universidad Nacional Hermilio Valdizán como Museo Móvil.

Las "Manos de Mujer": altorrelieve del "Templo de las Manos Cruzadas" (molde de yeso)

Kotosh (región de Huánuco, Perú) / Periodo Formativo Inicial (molde realizado en el año1963) / 345 de alto x 470 de largo x 98 de ancho / UMUT

La superficie del molde está dividida en siete partes siguiendo la forma del relieve y forrada por una tabla para su refuerzo. Su contorno coincide con la pieza original "Manos de Mujer" exhibida en el Museo Nacional de Antropología, Arqueología e Historia del Perú porque fue moldeado después de que el original fue recortado de la pared del templo.

金属器

2011年のペルーの金産出量は世界6位であり、銀は3位、銅は2位である*52。アンデス文明では豊富な埋蔵量と高度な冶金術により、古くからこれらの加工品が作られ、また合金も開発された。一方で炉の燃焼温度の限界もあって鉄は実用化されず、利器は石器および銅器にとどまったという特徴がある。よってアンデス考古学において金属利用の研究は主として金・銀・銅を対象とする。また銀や銅は量においては多いものの土中で腐食してしまうことが多いのに対し、化学的に安定した金は良好な状態で出土する。そのため、とくに黄金製品は古代アンデス美術を特徴づける金属製品と言えよう。

1531年、フランシスコ・ピサロを首魁とするスペイン人征服者の一団はペルー極北部に上陸し、インカ帝国の内戦に乗じて皇位継承者アタワルパを捕らえた。その身代金として膨大な金銀製品を接収したあと、彼を処刑して帝都クスコへと進軍した。インカ帝国の黄金製品が今日まであまり多く伝わっていないのは、征服後の短期間のうちに跡形もなく略奪されて延べ棒と化したためである。地上の黄金製品が奪い尽くされたあと、地下に眠る先インカ期の黄金製品が狙われた。植民地期に宝探しのために組織的に遺跡を破壊する商会が設立されたり、共和制時代に農場主が使用人を総動員して敷地内の墓地を徹底的に暴いたりと、今日まであまたの黄金製品が盗掘されてきた。その一部は博物館に収まり、アンデス文明のイメージアップに貢献する一方で、出自不明の品として学問的価値が貶められているのが惜しまれる。それゆえ1989年、東京大学の調査団がクントゥル・ワシ遺跡で黄金製品を発見した際、盗掘者より先に考古学者が黄金に辿りついた初の事例として、ペルーのマスコミは大きく報道した。本展で展示するのはその一部のレプリカである。

アンデス文明でもっとも古い金の事例は、出土状況の確かなものに限定すると、中央海岸や南部高地から報告された金箔で、おそらく形成期中期（紀元前1200-800年）のものと考えられる。ただし装身具として完成された黄金製品は、北部山地クントゥル・ワシ遺跡クントゥル・ワシ期のものが南北アメリカを通じて最古級である。1989、90、96、97年に発見された計200点以上のクントゥル・ワシ遺跡の黄金製品は、初期の冶金術の発展を克明に描き出した。形成期後期前半クントゥル・ワシ期（紀元前800-550年）の6つの墓から発見された黄金製品は、その多くが打ち出しや切り出しによる加工であり、リング状耳飾りにのみ蝋付けによる溶接が見られる。それが形成期後期後半コパ期（紀元前550-250年）の2つの墓の副葬品では溶接が多用され、より立体的に複雑な製品が作

Objetos de Metal

En el año 2011 el Perú ocupó el sexto lugar en producción de oro, el tercero en plata y el segundo en cobre.*52 En la antigua Civilización Andina, debido a la abundancia de sus reservas y avances tecnológicos, se manufacturaron objetos de dichos metales desde sus primeros periodos, desarrollando la aleación entre ellos. El hierro, sin embargo, no fue utilizado debido al límite de la temperatura de los hornos, por lo que los instrumentos cortantes fueron hechos solo de piedra o cobre. Por esta razón, los estudios sobre metalurgia en la arqueología andina se caracterizan por enfocarse en el oro, la plata y el cobre. Si bien la plata y el cobre fueron utilizados más que el oro, debido al alto grado de corrosión por el suelo usualmente se descomponen, mientras que el oro, al ser estable químicamente, se encuentra en buen estado de conservación. Debido a esto se puede decir que los objetos de oro son los artefactos metálicos que caracterizan el arte andino prehispánico.

En el año 1531, un grupo de conquistadores españoles dirigido por Francisco Pizarro desembarcó en el extremo norte del Perú y, aprovechando los conflictos internos del imperio incaico, capturaron al heredero al trono, Atahualpa. Después de tomar una gran cantidad de objetos de oro y plata como rescate, lo mataron y marcharon al Cusco, la capital imperial. El que no se encuentren muchas piezas de oro incaico hasta hoy se debe a que, después de la conquista y en un corto tiempo, muchas de estas piezas fueron intensivamente saqueadas y convertidas en barras. Luego de robar los objetos de oro que se encontraban en la superficie, los saqueadores dirigieron su mirada a los objetos preincas enterrados en el subsuelo. Durante la época colonial se fundaron empresas para desmontar sitios arqueológicos de manera organizada con el objetivo de encontrar tesoros, y en la época republicana algunos hacendados mandaron a sus peones a excavar cementerios en sus tierras, haciendo que hasta hoy innumerables piezas de oro sean descubiertas clandestinamente. Algunas de estas piezas son exhibidas en museos que colaboran con mejorar la imagen de la Civilización Andina, pero lamentablemente el valor científico de estas piezas se ha visto disminuido por la falta de información de su contexto original. Por lo tanto, en el año 1989 cuando la Misión Arqueológica de la Universidad de Tokio descubrió objetos de oro en el sitio de Kuntur Wasi, los medios de comunicación peruanos dieron como gran noticia el que, por primera vez, los arqueólogos encontraron piezas de oro antes que los saqueadores de tumbas. Las réplicas de algunas de estas piezas están en la presente exhibición.

Los objetos de oro más antiguos de la Civilización Andina de los cuales se conoce su contexto de procedencia son láminas descubiertas en la costa central y la sierra sur, posiblemente correspondientes al Periodo Formativo Medio (1200-800 a.C.). Sin embargo, en lo que se refiere a objetos de oro acabados como ornamentos, los de la fase Kuntur Wasi del sitio Kuntur Wasi en la sierra norte son los más antiguos de su tipo en las Américas. Estos objetos de Kuntur Wasi suman más de 200 piezas descubiertas en los años 1989, 1990, 1996 y 1997, y demuestran claramente el desarrollo de la metalurgia en época temprana. La gran mayoría de los ornamentos recuperados de seis tumbas de la fase Kuntur Wasi (Periodo Formativo Tardío Inferior, 800-550 a.C.) fue trabajada mediante las técnicas de repujado y cortado, y solamente las orejeras muestran huellas de soldadura. Sin embargo, en las ofrendas de dos tumbas de la fase Copa (Periodo Formativo Tardío Superior, 550-250 a.C.) la soldadura se vuelve más frecuente y se

り出されるようになったのである。なお黄金製品と言っても純金ではなく、銀を初めとして他の元素をある程度含む合金である。平尾良光(別府大学)は蛍光X線分析装置によってその成分比を化学分析した。それにより各製品は金・銀の成分比から3グループに分けられることや、コパ期の製品に銅が意図的に使用された可能性などが指摘された*53。

2005年に始まった関雄二（国立民族学博物館）の指揮するパコパンパ遺跡の発掘プロジェクトでは、2009年と2012年に形成期後期（紀元前800–250年）の2つの墓から黄金製品が出土し、権力の生成と変容の解明という主たる研究目的における重要なデータとなっている*54。日高真吾(国立民族学博物館)らが蛍光X線分析装置を現地に持ち込み、クントゥル・ワシの黄金製品とあわせてさらに成分分析を進めた*55ほか、清水正明（富山大学）・清水マリナらが銅精錬の技術を研究している。また南部高地カンパナユック・ルミ遺跡にて松本雄一（山形大学）が形成期後期の黄金製装身具の断片と*56、金精錬に使われた陶製の鋳型を発見した。このように、文明初期の冶金術の解明において日本の考古学プロジェクトの貢献は大きい。共通するのは海岸に比べ盗掘の進んでいない山地の神殿遺跡であること、またおそらく冶金術が飛躍的に発達した形成期後期という時期の遺跡であったことである。

北部海岸ランバイェケ川流域に展開した後期中間期の中期シカン文化（950–1100年）は、高品質な金属製品を多く作り出し、また純銅より強度や耐腐食性の優れた砒素銅の大量生産に成功した。そのデータ収集と冶金術研究は島田泉（南イリノイ大学）率いるシカン文化学術調査団の役割が大きい*57。シカン遺跡ロロ神殿の周囲の墓で多くの金属製品を発掘したが、1992年にシカン神の黄金製大仮面を、また2006年に砒素銅のトゥミなどを発見した。盗掘品でしか知られていなかったこれら中期シカン文化の典型的な金属製品を考古学的に確認し、男女とも仮面を所有するが顔に付けて埋葬されるのは男性のみ、貴金属の包含量が高いほど社会的地位が高い、などと社会的文脈と結びつけることができた。また工房跡から鋳塊や鉱滓、使用された道具などを発掘し、精錬や加工の技術を明らかにしたのも重要な成果である。また松本亮三・横山玲子・吉田晃章らの東海大学新大陸学術調査団が2002–2007年にかけて、北部海岸のシカン文化に黄金を供給した金鉱山として、中央山地カイェホン・デ・ワイラス盆地のヤンガヌーコ遺跡複合ほか2遺跡を発掘し、シカン文化との交流を示す遺物を発見している*58。

logra producir objetos con una forma tridimensional más compleja que antes. Dichos objetos no son de oro puro sino de aleación en cierto grado con otros metales, especialmente plata. Yoshimitsu Hirao (Universidad de Beppu) analizó su composición química utilizando un espectrómetro de fluorescencia de rayos X. Este estudio ha aclarado que existen tres grupos de aleación según la proporción de oro y plata, y se ha indicado la posibilidad de que la aleación con el cobre fue intentada durante la Fase Copa.*53

El proyecto de investigación en el sitio arqueológico Pacopampa dirigido por Yuji Seki (Museo Nacional de Etnología) desde el año 2005 descubrió objetos de oro en dos tumbas del Periodo Formativo Tardío (800-250 a.C.) en los años 2009 y 2012, los cuales son datos muy importantes para el estudio de la formación y la transformación de poder, tema principal del proyecto.*54 Con un espectrómetro de fluorescencia de rayos X llevado al Perú, Shingo Hidaka (Museo Nacional de Etnología) y sus colegas analizó objetos de oro de Pacopampa y Kuntur Wasi para profundizar el estudio de composición química.*55 Masaaki Shimizu (Universidad de Toyama) y Marina Shimizu estudian la tecnología de refinación del cobre en Pacopampa. En Campanayuq Rumi en la sierra sur, Yuichi Matsumoto (Universidad de Yamagata) descubrió un pedazo de ornamento de oro*56 y un molde de cerámica para la refinación del oro que han sido fechados para el Formativo Tardío. De esta manera, los arqueólogos japoneses contribuyen mucho en el campo de estudio de la metalurgia temprana. Dichos proyectos tienen dos puntos en común; sus áreas de trabajo están en la sierra donde el saqueo de sitios arqueológicos no ha sido tan intenso como en la costa, y se centran en sitios del Periodo Formativo Tardío que posiblemente fue la época en la que despegó el desarrollo de la metalurgia.

La Cultura Sicán Medio, que floreció en el valle de Lambayeque en la costa norte, produjo una gran cantidad de objetos de metal de alta calidad y logró exitosamente fabricar en serie el cobre arsenical con una mayor dureza y resistencia a la corrosión. La recolección de datos y el estudio de la metalurgia de esta cultura se deben en gran parte a los trabajos del Proyecto Arqueológico Sicán dirigido por Izumi Shimada (Universidad de Southern Illinois).*57 En las tumbas que rodean a Huaca Loro se recuperaron varios objetos de metal, incluyendo una máscara grande de oro con la forma de la deidad Sicán en el año 1992 y un tumi de cobre arsenical en el año 2006. Se logró así recuperar arqueológicamente objetos típicos de la Cultura Sicán Medio antes solo conocidos por piezas saqueadas, logrando colocarlas en un contexto social; por ejemplo, varios hombres y mujeres enterrados tenían una máscara aunque solo los hombres la llevaban en la cara, y el alto porcentaje de metal noble en su composición indicaba el rango de su dueño. La reconstrucción de la tecnología para refinar y labrar metales se logró a través de excavaciones en talleres donde se encontraron lingotes, escoria y herramientas. Desde el año 2002 al 2006, Ryozo Matsumoto, Reiko Yokoyama y Teruaki Yoshida de la Expedición Científica al Nuevo Mundo de la Universidad de Tokai han conducido excavaciones en el complejo arqueológico de Llanganuco y en dos sitios en la cuenca del Callejón de Huaylas, sierra central, bajo la hipótesis de que en esta zona se extraía el mineral de oro que suministró los recursos a la Cultura Sicán en la costa norte. Ellos lograron descubrir materiales arqueológicos que indican la interrelación con la Cultura Sicán.*58

蛇ジャガー耳飾りを取り上げる大貫良夫。クントゥル・ワシ遺跡B区1号墓の発掘にて（1997年）。／©クントゥル・ワシ調査団

Yoshio Onuki llevando en su mano uno de los adornos colgantes de oro en forma de perfil de jaguar con serpientes. Excavación de la Tumba B-Tm1, Kuntur Wasi (1997). / ©Proyecto Kuntur Wasi

A区1号墓「十四人面金冠の墓」

「十四人面金冠の墓」の被葬者は60歳くらいの男性で、後世の貴人の間で一般的な習慣であった頭蓋変形が施されていた。身長はおよそ154cmで、おそらく細身・筋肉質な体型でであった。また歯槽膿漏をわずらっていたと推定される。膝を抱えてしゃがんだ姿勢で埋葬され（座位屈葬）、その後横に倒れたものらしい。また頭部に朱が厚く付着していた。金冠のほかに、赤色の鳥を象った鐙形ボトル、長頸ボトル、高杯の3点の土器、ほら貝のトランペット3点、珪孔雀石製耳輪一対、珪孔雀石製ビーズ2点、石製ペンダント2点を伴っていた。

Tumba A-Tm1, "Tumba de la corona de oro de catorce caras"

La "Tumba de la corona de oro de catorce caras" albergaba a un anciano de alrededor de 60 años que tenía el cráneo deformado, una costumbre común entre la gente de alto rango en épocas posteriores. Este anciano medía aproximadamente 1.54m, y era aparentemente delgado y musculoso. Además, se cree que pudo padecer periodontitis. Fue enterrado en posición fetal inicialmente de cuclillas, pero posteriormente quedó de lado. Su cráneo fue densamente cubierto con cinabrio. Además de la corona, tres vasijas cerámicas (una botella con asa estribo en forma de ave, una botella y una compotera), tres pututos de concha, un par de orejeras de crisocola, dos cuentas de crisocola y dos pendientes de piedra.

十四人面金冠（レプリカ）

クントゥル・ワシ遺跡A区1号墓（ペルー、カハマルカ県）／クントゥル・ワシ期（形成期後期）（レプリカ作成1992年）／高180×長465／クントゥル・ワシ調査団

籠の中に切断した人間の頭部を詰め込んだ図像は、ペルー北部の形成期の美術において繰り返されるモチーフである。ヘケテペケ川下流域で盗掘された石皿の中に、超常的なクモがこのような籠を背負い、切断したばかりの人頭を手に提げている図像が彫られている。のちのモチェ文化の美術にも、クモが人間の首を切断するモチーフが描かれている。

La corona de oro de catorce caras (réplica)

Tumba A-Tm1, Kuntur Wasi (región de Cajamarca, Perú) / Fase Kuntur Wasi (Periodo Formativo Tardío) (réplicas realizadas en el año 1992) / 180 de alto x 465 de largo / Proyecto Kuntur Wasi

La representación de canastas rellenas con cabezas decapitadas humanas es un motivo que se encuentra repetido en el arte formativo del norte del Perú. Un plato lítico saqueado del valle bajo de Jequetepeque presenta un diseño grabado de una araña sobrenatural cargando una canasta con cabezas decapitadas. En el arte de la Cultura Moche, en épocas posteriores, se encuentran motivos de arañas cortando cuellos humanos.

A区2号墓「五面ジャガー金冠の墓」

「五面ジャガー金冠の墓」の被葬者は60歳を超す老人男性で、頭蓋骨におそらく潜水に起因する外耳道骨腫が認められたことから、海岸部出身であることがうかがわれる。骨の保存状態は極めて悪かったが、金冠の内部に頭骨が残っていたことから、被葬者は冠を戴いたまま埋葬されたものと推察される。金冠に加え、黄金の鼻飾り2点、黄金の耳飾り一対、マグカップ型土器1点、石製ビーズ3点を伴っていた。

五面ジャガー金冠（レプリカ）

クントゥル・ワシ遺跡A区2号墓（ペルー、カハマルカ県）／クントゥル・ワシ期（形成期後期）（レプリカ作成1992年）／高135×長480／クントゥル・ワシ調査団

五つのジャガーの顔を打ち出した金冠である。三つの正面顔は冠の中央に位置するが、両端にはそれぞれ半分になった顔があり、あわせて正面顔一つ分となる。顔と顔とを隔てる枠の中にもジャガーの口が組み込まれている。一隅を意図的にちぎり取った痕跡があるが、埋葬に伴う儀礼の一環と考えられる。

Tumba A-Tm2, "Tumba de la corona de cinco rostros de jaguar"

El individuo de la "Tumba de la corona de cinco rostros de jaguar" fue un anciano de más de 60 años. Su cráneo presentó extosis auditorial, posiblemente causada por actividades de buceo, lo cual sugiere una procedencia costeña. Sus huesos estaban mal conservados. Dado que dentro de la corona se encontraron fragmentos de cráneo, se puede suponer que fue enterrado con la corona puesta en su cabeza. Además de la corona se hallaron otras ofrendas: dos narigueras y un par de adornos colgantes de oro, una taza de cerámica con asa, y tres cuentas líticas.

La corona de cinco rostros de jaguar (réplica)

Tumba A-Tm2, Kuntur Wasi (región de Cajamarca, Perú) / Fase Kuntur Wasi (Periodo Formativo Tardío) (réplicas realizadas en el año 1992) / 135 de alto x 480 de largo / Proyecto Kuntur Wasi

Una corona de oro con diseños repujados de cinco rostros de jaguares. Los tres rostros frontales se representan en la parte frontal de la corona. En ambos extremos aparecen dos mitades correspondientes a un rostro frontal Entre los rostros hay divisiones que representan la boca cerrada con colmillos del jaguar. Una esquina de la corona fue arrancada, lo cual puede ser parte de la ceremonia funeraria.

金製横顔ジャガー耳飾り（一対、レプリカ）

クントゥル・ワシ遺跡A区2号墓（ペルー、カハマルカ県）／クントゥル・ワシ期（形成期後期）／左：高180×幅95、右：高177×幅97／クントゥル・ワシ調査団

耳用の2点の垂れ飾りで、ジャガーの横顔と爪を点対称に二つ配置したデザインである。2枚の板はほぼ同型であるが一方は左向き、もう一方は右向きである。

Adornos colgantes de oro de perfiles de jaguar (un par, réplica)

Tumba A-Tm2, Kuntur Wasi (región de Cajamarca, Perú) / Fase Kuntur Wasi (Periodo Formativo Tardío) (réplicas realizadas en el año 1992) / Izquierda: 180 de alto x 95 de largo. Derecha: 177 de alto x 97 de largo / Proyecto Kuntur Wasi

Dos adornos colgantes para las orejas hechos de oro. Presentan un tamaño similar con un diseño simétrico invertido de dos caras de perfil y garras del jaguar. Estas dos placas son casi idénticas, pero la cara de una está representada de perfil izquierdo, mientras que la otra de perfil derecho.

金製ジャガー・双子の鼻飾り（レプリカ）

クントゥル・ワシ遺跡A区2号墓（ペルー、カハマルカ県）／クントゥル・ワシ期（形成期後期）（レプリカ作成1992年）／高110×幅165／クントゥル・ワシ調査団

口を隠すほどに大きな鼻飾りである。H字型の中央上部の切り欠きが鼻の収まる場所で、そこに穿孔された二つの孔に輪を通して鼻柱から吊り下げる。H字型の鼻飾りは、広大なアマゾンの熱帯雨林を越えて遙か遠く、コロンビアのカリマ文化のものが有名である。中央アンデスではほかに出土例がなく、クントゥル・ワシのものはカリマ文化より線数百年古い。形成期の文化はアマゾンと関わりが深いと考える研究者は多いが、具体的な解明は進んでいない。中央のジャガーの大きな顔から四肢が直接生え、その前肢で二人の人間を捕まえている。アマゾンの創世神話には怪物と双子が登場する物語があり、アンデスとアマゾンを結ぶ未知のリンクの一端が覗いているのかもしれない。向かって左下の部分は意図的に損壊されている。

Nariguera de oro en forma de jaguar con dos gemelos (réplica)

Tumba A-Tm2, Kuntur Wasi (región de Cajamarca, Perú) / Fase Kuntur Wasi (Periodo Formativo Tardío) (réplicas realizadas en el año 1992) / 110 de alto x 165 de largo / Proyecto Kuntur Wasi

Es una nariguera tan grande que cubre la boca. Presenta una forma de letra "H", el espacio en su parte superior central corresponde a nariz y por dos agujeros perforados en esa parte pasa un aro para colgarla del tabique nasal. Las narigueras en forma de "H" son conocidas entre los ornamentos de la Cultura Calima de la actual Colombia, más allá de la sierra andina y la selva del Ecuador. Desde el rostro del jaguar salen directamente sus cuatro miembros, con las patas delanteras agarrando a dos hombres. En los Andes Centrales no se han encontrado objetos similares. En las leyendas de los Andes y la selva se encuentran mitos en los que se mencionan un monstruo y unos gemelos, lo cual podría demostrar un entre tales áreas, aunque aún no ha sido suficientemente demostrado. La parte inferior izquierda fue rota intencionadamente.

金製蛇目・角目ジャガー鼻飾り（レプリカ）

クントゥル・ワシ遺跡A区2号墓（ペルー、カハマルカ県）／クントゥル・ワシ期（形成期後期）／高160×幅175／クントゥル・ワシ調査団

A区2号墓の被葬者は、H字型の大きな鼻飾りを2点伴っていた。H字の四隅は猛禽の頭部になっている。中央部はジャガーの顔が上下2段に重なった意匠である。上のジャガーは両目とも円い。いっぽう下のジャガーは右目が四角形で、左目は円く、それをとりまく蛇が斜め上方に延びている。このような目の形の違いからして、これら2体のジャガーは、クントゥル・ワシ期のクントゥル・ワシ神殿に建てられていた石彫の両面の図像と一致している（28ページ参照）。

Nariguera de oro en forma de rostro de jaguar con ojo redondo rodeado por serpiente y cuadrado (réplica)

Tumba A-Tm2, Kuntur Wasi (región de Cajamarca, Perú) / Fase Kuntur Wasi (Periodo Formativo Tardío) (réplicas realizadas en el año 1992) / 160 de alto x 175 de largo / Proyecto Kuntur Wasi

El individuo de la Tumba A-Tm2 tenía dos narigueras grandes con la forma de letra "H". Los ángulos extremos la "H" presentan cabezas de halcón. Esta pieza representa dos cabezas felínicas superpuestas. El rostro superior tiene dos ojos redondos, mientras que el rostro inferior presenta distintas formas de ojos: su ojo derecho es cuadrado mientras que el izquierdo está rodeado por una serpiente. Según esta diferencia se puede relacionar estos jaguares la iconografía grabada en ambas caras del monolito situado en el temple de la fase Kuntur Wasi (véase la pagina 28).

A区3号墓「耳飾りの墓」

「耳飾りの墓」の被葬者は30代の中年男性で、頭蓋変形が施されていた。姿勢は屈葬で、頭の周囲は辰砂で赤く染まっていた。一対の大型のリング状耳飾りは頭骨の左右から出土しており、大きく穿孔した耳朶に装着したまま葬られたものと考えられる。また耳飾りに取り付ける装飾品らしき珪孔雀石の小さな玉2点と、鐙形ボトル1点、高杯1点を伴っていた。

金製リング状耳飾り（一対、レプリカ）

クントゥル・ワシ遺跡A区3号墓（ペルー、カハマルカ県）／クントゥル・ワシ期（形成期後期）（レプリカ作成1992年）／左：直径70×厚35、右：直径70×厚35／クントゥル・ワシ調査団

幼少期から耳朶に穿孔し、成長とともに少しずつ広げていくと、このような大きな耳飾りを着けることができる。インカの貴族がこのような装身具を着けているのに驚いたスペインの征服者たちは、彼らを「オレホン（大耳）」と呼んだ。その起源が形成期にすでにあったことがわかる。

Tumba A-Tm3, "Tumba de las orejeras"

"La tumba de las orejeras" albergaba un hombre treintañero con deformación craneana. Su cuerpo estaba en posición flexionada y el área alrededor de su cráneo fue fuertemente coloreada con cinabrio. Las orejeras grandes fueron descubiertas a ambos lados del cráneo, lo cual indica que fue enterrado llevándolas en grandes agujeros hechos los lóbulos de sus orejas. Otros objetos asociados fueron dos cuentas pequeñas de crisocola (posiblemente adornos de las orejeras), una botella con asa estribo y una compotera de cerámica.

Orejeras de oro (un par, réplica)

Tumba A-Tm3, Kuntur Wasi (región de Cajamarca, Perú) / Fase Kuntur Wasi (Periodo Formativo Tardío) (réplicas realizadas en el año 1992) / Izquierda: 70 de diámetro x 35 de ancho. Derecha: 70 de diámetro x 35 de ancho / Proyecto Kuntur Wasi

Desde temprana edad se perforaba un hoyo en ambos lóbulos de las orejas, y conforme su crecimiento, se ampliaba usando orejeras más grandes. Los conquistadores españoles se sorprendieron de tales ornamentos que llevaba la gente de alto rango de los Incas, llamándolos "orejones". El origen de esta costumbre se remonta al Periodo Formativo.

B区1号墓「十二横顔ジャガー金冠の墓」

被葬者は40代の男性で、身長154cmであった。正座し、大きく身体を折り曲げた姿勢で、両腕も同様に折り曲げられていた。この体位はおそらく、墓室が押しつぶされ低くなったのに伴い、包みにくるまれた遺体が垂直を保てなくなったためであろう。金冠のほかに、2対の黄金製の耳飾りと、頭の両側に一対のリング状耳飾り、4点の土器（焙烙型土器1点、高坏1点、小型短頸壺1点、破損の激しいボトル1点）、ソーダライト製ビーズ793点とマラカイト製ビーズ4点を伴っていた。

Tumba B-Tm1, "Tumba de la corona de doce perfiles de jaguar"

El individuo es un adulto de sexo masculino de unos cuarenta años y una estatua de 1.54m. Está colocado en posición ventral fuertemente flexionada, sentado sobre sus talones con los brazos igualmente doblados. Esta posición probablemente se debe a la reducida altura de la cámara, lo cual impidió el posicionamiento vertical del fardo. Además de la corona se encontraron dos pares de adornos colgantes de oro, un par de orejeras de oro en ambos lados del cráneo, cuatro vasijas cerámicas (un *canchero*, una compotera, una ollita con cuello corto y una botella muy fragmentada), 793 cuentas de sodalita y 4 cuentas de malaquita.

十二横顔ジャガー金冠（レプリカ）

クントゥル・ワシ遺跡B区1号墓（ペルー、カハマルカ県）／クントゥル・ワシ期（形成期後期）（レプリカ作成2014年）／高192×長475／クントゥル・ワシ調査団

作りとしては十四人面金冠と似ている。しかしぶら下がっている顔は耳に人間の面影が残るもののほとんどジャガーと化しており、また枠は籠目になっていないので、表現しているテーマは異なるのであろう。墓室の中で押しつぶされ、大きくひしゃげた状態で発見された。

La corona de doce perfiles de jaguar (réplica)

Tumba B-Tm1, Kuntur Wasi (región de Cajamarca, Perú) / Fase Kuntur Wasi (Periodo Formativo Tardío) (réplicas realizadas en el año 2014) / 190 de alto x 470 de largo / Proyecto Kuntur Wasi

La concepción y técnica de representación es similar a la "Corona de oro de catorce caras humanas". Sin embargo, las doce láminas colgantes no representan humanos ordinarios sino uno mezclado con jaguar, además que las divisiones no forman una canasta, por lo que se puede decir que el tema retratado no es igual al de la otra corona. En el momento del descubrimiento se halló muy doblada por la presión dentro de la cámara funeraria.

蛇ジャガー耳飾り（一対、レプリカ）

クントゥル・ワシ遺跡B区1号墓（ペルー、カハマルカ県）／クントゥル・ワシ期（形成期後期）（レプリカ作成2014年）／左：高239×幅113、右：高239×長113／クントゥル・ワシ調査団

ジャガーの頭部ではあるが、頭髪はヘビ、口には猛禽のくちばしが付いた怪獣である。目の部分には貝製の板が象眼されており、現在では消えてしまっているが、かつては瞳が描かれて上目遣いか下目遣いのエキセントリック・アイを呈していたであろう。ヘビの垂れ飾りは北部海岸で盗掘された装身具に類例があるほか、近年南部高地でも発掘された。

ヒョウタン形耳飾り（一対、レプリカ）

クントゥル・ワシ遺跡B区1号墓（ペルー、カハマルカ県）／クントゥル・ワシ期（形成期後期）（レプリカ作成2014年）／左：高187×幅105、右：高186×幅106／クントゥル・ワシ調査団

このヒョウタンのような形状の装身具は、被葬者の体の左右、肩の下から、「蛇ジャガー耳飾り」と重なり合って出土した。被葬者はうつぶせの姿勢で出土したため、いずれの耳飾りも表側の面が下になっていた。ヒョウタン形耳飾りは蛇ジャガー耳飾りを覆い隠すように取り付けられていたと考えられる。

Adornos colgantes de oro en forma de perfiles de jaguar con serpientes (un par, réplica)

Tumba B-Tm1, Kuntur Wasi (región de Cajamarca, Perú) / Fase Kuntur Wasi (Periodo Formativo Tardío) (réplicas realizadas en el año 2014) / Izquierda: 239 de alto x 113 de largo. Derecha: 239 de alto x 113 de largo / Proyecto Kuntur Wasi

Presentan una cabeza de jaguar monstruoso cada una, sus cabellos son serpientes y sus bocas acompañan picos de ave rapaz. En las cuencas de sus ojos tienen incrustados fragmentos de concha que posiblemente representaban al "ojo excéntrico" que mira arriba o abajo, aunque las pupilas están borrosas. Ejemplos semejantes a estos adornos se han encontrado entre piezas de oro saqueadas de la costa norte, y de otras recientemente excavadas en la sierra sur.

Adornos colgantes de oro en forma de calabaza (un par, réplica)

Tumba B-Tm1, Kuntur Wasi (región de Cajamarca, Perú) / Fase Kuntur Wasi (Periodo Formativo Tardío) (réplicas realizadas en el año 2014) / Izquierda: 187 de alto x 105 de largo. Derecha: 186 de alto x 106 de largo / Proyecto Kuntur Wasi

Estos ornamentos en forma de calabaza aparecieron a ambos lados del individuo debajo de sus hombros y superpuestos por el "adorno colgante de oro en forma de perfiles de jaguar con serpientes". El individuo fue enterrado boca abajo, por lo que como consecuencia las caras frontales de los adornos también miraban hacia abajo. Los adornos de "calabaza" taparon las caras de la "serpiente jaguar".

土器

　南米大陸の土器はどこに発祥したのだろうか。ブラジルのタペリーニャ遺跡の土器は紀元前5000年を遡ると発表されたが、異論もある。より確実視されているのは紀元前4000年頃に現れた2つの土器伝統で、コロンビアのサン・ハシント遺跡やプエルト・オルミーガ遺跡などの土器、それにエクアドルのバルディビア文化の土器である。興味深いことに、早くから複雑社会が展開したペルーは、土器については後進地域で、導入は形成期前期（紀元前1800–1200年）以降である。それ以前の形成期早期に、中央海岸の先土器神殿では土偶の出土例が多いが、焼成されていない。北部山地の先土器神殿ラ・ガルガーダには1点の小さな土器が供えられた埋葬があったが、完成品として外部から持ち込まれたものと考えられている。

　大規模神殿の項にて、土器は定住農耕民にとって都合の良い工芸品であるが、実際は両者の登場は必ずしも編年的に対応しないと述べた。根菜類やトウモロコシなど、加熱調理に適した作物が土器導入前から利用されていたことは明らかであり、土器は純粋に経済的・技術的な必要性にかられて導入されたわけではなかった。貯蔵や盛りつけはヒョウタンや籠などで事足りたし、焼き石を使えば土器がなくとも加熱調理は可能だった。また芸術表現のメディアとしてはすでに織物や神殿の壁面装飾が十分に発達していた。それでも、土器の導入と共に神殿・集落の分布パターンや宗教芸術に大きな変化が起こっていることから、社会に大きな影響を及ぼしたことは確かである。それは粘土や燃料など必要物資の調達や管理のしかるべき方法、製作者の社会的役割、使用方法や廃棄方法をめぐる作法など、複雑な意味の体系が土器とともに中央アンデスにももたらされたためであろう。それ以降、土器が通時的・地域的に多様な発展を遂げるのは本展にて示す通りである。

　土器は粘土という可塑性の素材を使い、多くの工程を経て作られるため、胎土や混和材の性質、成形方法、表面の調整、形状や色彩の装飾的要素など、作為的・無作為的に付与された多様な属性がある。よって資料間の詳細な相互比較が可能であり、遺跡間・地域間の比較から社会的関係の手がかりになるし、時期ごとの特徴を捉えられれば編年指標となる。土器導入以降の時代に関しては、土器が研究の根幹となると言って過言ではない。ただし上述の通り、土器の製作・使用・廃棄自体に社会的な意味が付与されていたことを失念すべきでない。単なる編年指標としてではなく、土器の背後に社会像を読み取るところまでが考古学者の使命である。例えば形成期のボトルとチムー文化のボトルは美術様式の

Cerámica

　¿Dónde apareció primero la cerámica en el continente sudamericano? La cerámica del sitio arqueológico Taperinha en Brasil ha sido considerada como antes del año 5000 a.C., pero algunos estudiosos no aceptan esa fecha. Los datos más precisos pertenecen a la cerámica de dos tradiciones alfareras que aparecieron alrededor del año 4000 a.C., una en los sitios de San Jacinto y Puerto Hormiga en Colombia, y otra perteneciente a la Cultura Valdivia en Ecuador. Un punto interesante es que en el Perú, aunque se trataba de un área donde se desarrollaron tanto una complejidad social sobre la base de una economía estable como una tecnología avanzada desde épocas muy tempranas, la cerámica aparecería tardíamente luego del Periodo Formativo Temprano (1800-1200 a.C.). Anterior a esa fecha, es decir en el Periodo Formativo Inicial, se han recuperado varias *figurinas* de barro no cocidas en los centros ceremoniales precerámicos. En La Galgada, un templo precerámico de la sierra norte, se encontró una vasija cerámica pequeña como ofrenda de un entierro, pero está considerado como un producto terminado introducido desde fuera.

　En el capítulo sobre la arquitectura monumental describimos a la cerámica como un material conveniente para los habitantes de asentamientos agrícolas, y que la aparición de ambos no corresponde cronológicamente. Tubérculos y maíz fueron utilizados desde antes de la aparición de la cerámica, por lo que se puede decir que ésta no fue introducida por una necesidad económica ni tecnológica. La calabaza y las canastas de fibra son útiles para almacenar alimento y servir comida, y el calentamiento a base de piedras quemadas permite cocinar sin ollas de cerámica. La cerámica también sirve como medio de representación artística, pero otros soportes, como los tejidos y la decoración mural de los templos, ya tenían un alto desarrollo. Sin embargo con la introducción de la cerámica ocurrió un gran cambio en el patrón de los centros ceremoniales y asentamientos, así como en el arte religioso, por lo que es seguro que su aparición tuvo una gran influencia social. Se debe además considerar que para los Andes Centrales, la cerámica implicó la introducción de un sistema complejo de significados como, por ejemplo, las formas correctas de conseguir y controlar materiales necesarios para su producción como la arcilla y la leña, el rol social de alfareros, y las formas de uso y desecho. Posteriormente la cerámica consiguió una gran diversidad diacrónica y sincrónica, como es indicado en la presente exhibición.

　La cerámica es un producto a base de un material plástico como la arcilla, y pasa por varios procesos, por lo que podemos observar una diversidad de atributos dados consciente e inconscientemente a ella, como los tipos de pasta y temperante, el método de dar forma, el acabado superficial, las decoraciones pintadas y escultóricas, entre otros. Esto nos permite comparar detalladamente entre piezas. La comparación entre materiales de otros sitios arqueológicos u otras regiones nos dan una pieza clave para entender las relaciones sociales entre sí. Si se puede comprender las características de cada época, la cerámica sirve como un indicador cronológico. Sin embargo, no debe olvidarse que las actividades de producción, uso y abandono de la cerámica tenían significados sociales. La misión de arqueólogo no es solamente aclarar su posición cronológica, sino leer el contexto social. Por ejemplo, uno puede distinguir fácilmente una botella elaborada en el Periodo Formativo y una de la Cultura Chimú según la diferencia estilística. Tal diferencia se debe a la técnica; los alfareros del Periodo Formativo hicieron vasijas a mano y en la

違いにより簡単に区別できる。しかしその違いには、形成期には1点ずつ手で作り、チムーの時代には型を使って大量生産する、という技術の差が反映されている。さらにその背景には、陶工集団の規模や専業化の度合い、また催される饗宴の規模や性質など、時代ごとの社会的要因がある。

コトシュ遺跡ミト期の先土器神殿は定説に反する画期的発見であったが、その深度まで掘り下げる前に泉靖一らは土器の分類と層位の検討を重ね、5時期にわたるこの遺跡の編年序列を確立していた。それゆえ速やかに国際的に受け容れられたのである。さらに寺田和夫のもと北部山地カハマルカ盆地に拠点を移した東京大学の調査団は、形成期神殿遺跡ワカロマの発掘、および周辺の遺跡踏査と試掘を繰り返し、一帯の土器編年を精緻なものにした。寺田の没後、調査団は同じカハマルカ県のクントゥル・ワシ遺跡でその成果を発展させた。1988–2002年の長期間に及ぶ大規模な発掘で層序を詳細に解明し、また土器出土量に恵まれたこともあって、井口欣也（埼玉大学）による土器の分類と編年は説得力のあるものとなった[59]。ワカロマやクントゥル・ワシの成果は、リモンカルロ遺跡、ラス・ワカス遺跡、パコパンパ遺跡、インガタンボ遺跡など、日本人研究者が周辺地域で新規に形成期遺跡を発掘する際に大きな助けとなった。さらにそれらの遺跡間でデータの相互参照も進んだため、カハマルカ県一帯の形成期編年はペルー全土でもっとも精密になったと言ってよい。また寺田和夫のもと、形成期より後にカハマルカ県一帯に展開したカハマルカ文化についても、松本亮三（東海大学）を中心に土器編年が研究された[60]。近年は渡部森哉（南山大学）がカハマルカ県内で通算5遺跡を発掘し、その編年案をさらに精緻化し、ワリ文化、ティワナク文化、チムー文化など外部の文化との対応関係を解明している[61]。北部海岸では島田泉（南イリノイ大学）は器形全体のバランスや装飾的要素などを基準として、地方王国期シカン文化の土器編年を確立した[62]。

最後に編年以外の土器研究について簡単に触れておく。島田泉はシカン文化の土器を中心に、ウルセル・ヴァグナー（ミュンヘン工科大学）らとともに考古科学的分析を進め、製作グループの差異や焼成技術を詳細に解明した。またシアルーペ神殿などで発見した窯跡を参考に、焼成の再現実験を重ねた[63]。井口欣也はイサベル・ドゥルック（ウィスコンシン大学）とともに、クントゥル・ワシとその周辺遺跡の出土資料や鉱物サンプルから産地分析を推進中である。また型を使わない形成期の鐙型ボトルの成形技法について鶴見英成（東京大学）の論考がある[64]。

época Chimú produjeron en serie utilizando moldes. Además, esta diferencia en la técnica refleja el trasfondo social de cada época; el número de alfareros calificados, el grado de profesionalidad de ellos, la escala y el motivo de festín en el cual las botellas sirven como recipientes para licor, entre otros.

El descubrimiento de los templos precerámicos de la fase Mito en Kotosh no solo fue pionero en criticar una teoría preconcebida, su importancia radicó también en que el equipo de Seiichi Izumi aclaró la secuencia cronológica del sitio que consta de cinco fases sobre la base de una tipología cerámica y un examen minucioso de los estratos antes de llegar al nivel de la fase Mito. Por este motivo, su estudio pudo ser adaptado a nivel internacional sin mayor dificultad. Bajo la dirección de Kazuo Terada, los arqueólogos de la Universidad de Tokio se trasladaron a la cuenca de Cajamarca en la sierra norte y repitieron las excavaciones en el centro ceremonial formativo llamado Huacaloma mediante un reconocimiento arqueológico y excavaciones de prueba en su contorno. Gracias a sus investigaciones el sistema cronológico de la cerámica en esta región fue elaborado. Luego del fallecimiento de Terada, el grupo de arqueólogos comenzó las investigaciones en Kuntur Wasi, situado también en Cajamarca, para profundizar los estudios obtenidos en Huacaloma. A través de las excavaciones a gran escala por un largo periodo de tiempo, desde el año 1988 hasta el año 2002, aclararon la secuencia arquitectónica y estratigráfica detalladamente, y dada la ventaja de la abundante cantidad de cerámica encontrada, la cronología sobre la base de ella y presentada por Kinya Inokuchi (Universidad de Saitama) fue muy convincente.[59] Los estudios en Huacaloma y Kuntur Wasi sirvieron mucho a otros japoneses que comenzaron excavaciones en sitios formativos en zonas colindantes como Limoncarro, Las Huacas, Pacopampa e Ingatambo. Además, como resultado del intercambio de información entre tales investigadores, se puede decir que el sistema cronológico de Cajamarca es el más elaborado a nivel nacional en el Perú. El equipo de Terada también estudió la cronología de la Cultura Cajamarca, asignando el papel principal a Ryozo Matsumoto (Universidad de Tokai).[60] En los últimos años, Shinya Watanabe (Universidad Nanzan) ha reforzado los trabajos de ellos sobre la base de los datos obtenidos en sus excavaciones en cinco sitios en Cajamarca, y ha aclarado una correspondencia entre la Cultura Cajamarca y culturas foráneas como Wari, Tiwanaku y Chimú.[61] En la costa norte, Izumi Shimada (Universidad de Southern Illinois) ha establecido la cronología cerámica de la Cultura Sicán considerando criterios como la proporción de forma total de las vasijas y elementos decorativos.[62]

Para terminar, mencionaremos brevemente algunos estudios de cerámica fuera de la cronología. Izumi Shimada ha promovido el análisis arqueométrico con Ursel Wagner (Universidad Técnica de Múnich) especialmente para la cerámica de la Cultura Sicán, y ha logrado aclarar varios aspectos, como la existencia de distintos grupos de alfareros y la tecnología de cocción. También ha realizado experimentos para reproducir la técnica de cocción utilizando como ejemplo hornos descubiertos en sitios como Huaca Sialupe.[63] Kinya Inokuchi e Isabelle Druc (Universidad de Wisconsin-Madison) están analizando actualmente la región productora de cerámica para Kuntur Wasi a través de la comparación con materiales de otros sitios cercanos y muestras minerales. Eisei Tsurumi (Universidad de Tokio) estudió la técnica de formación de las botellas con asa estribo que no utiliza moldes para el Periodo Formativo.[64]

コトシュ遺跡における土器の出土状況（1963年）。／©東京大学アンデス調査団
Excavación de una vasija cerámica en Kotosh (1963)./ ©Misión Arqueológica de la Universidad de Tokio

刻文長頸ボトル

ペルー北部海岸／形成期前期／器高 245× 胴部径 155 ／ BIZEN 中南米美術館

多くの類例が発掘調査で確認されているため、この土器はヘケテペケ川流域で盗掘されたと推定できる。編年上は形成期前期に相当、すなわち北部ペルーでももっとも古い土器製作伝統に属するのであるが、すでに美術的にも技術的にも高度に洗練されている。胴部の形状・大きさや注口の長さ・太さなどは、ボトルの原型がヒョウタンであることをうかがわせる。なお形成期前期にはまだ鐙型ボトルは存在しない。

Botella con diseño inciso

Costa norte del Perú / Periodo Formativo Temprano / 245 de alto x 155 de diámetro de cuerpo / Museo Latinoamericano de BIZEN

Podemos suponer que esta pieza fue saqueada en el valle de Jequetepeque porque varios ejemplos muy semejantes fueron recuperados por excavaciones científicas en dicha zona. Cronológicamente corresponde al Periodo Formativo Temprano, es decir, pertenece a la tradición de cerámica más antigua del norte del Perú. Sin embargo estéticamente y tecnológicamente está muy elaborada. Forma y tamaño del cuerpo, y longitud y grosor del gollete sugieren que el modelo de las primeras botellas cerámicas era de calabaza. A propósito, en Formativo Temprano aún no se encuentran botellas con asa estribo.

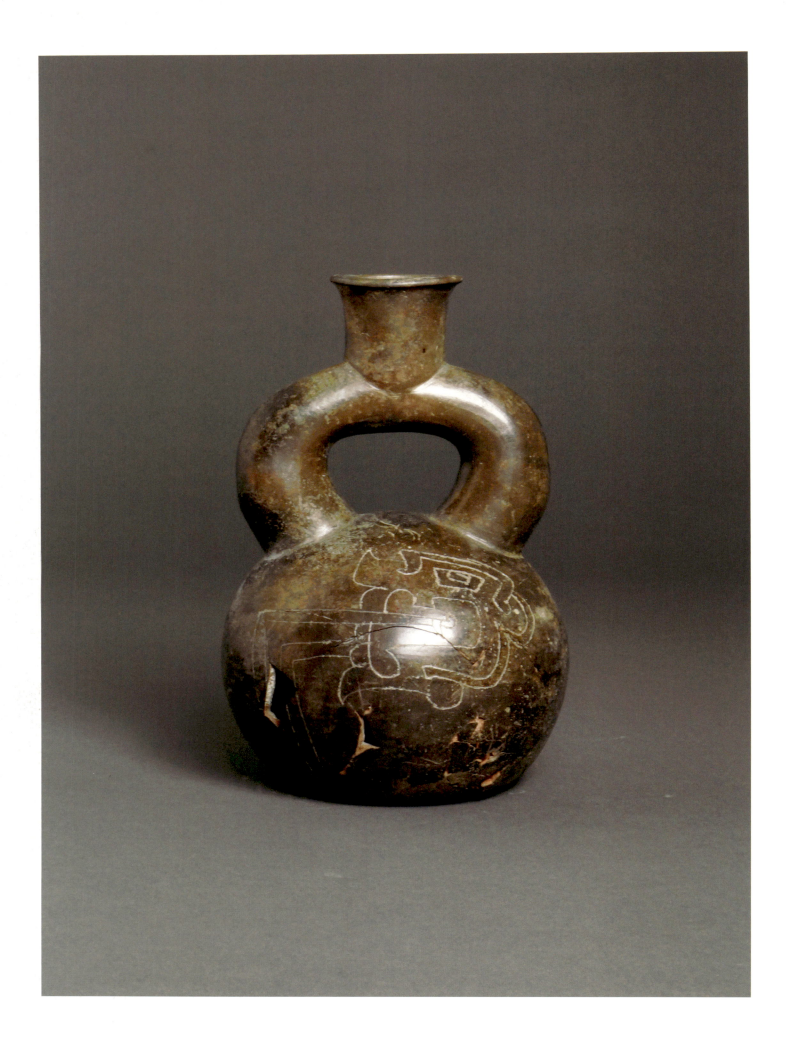

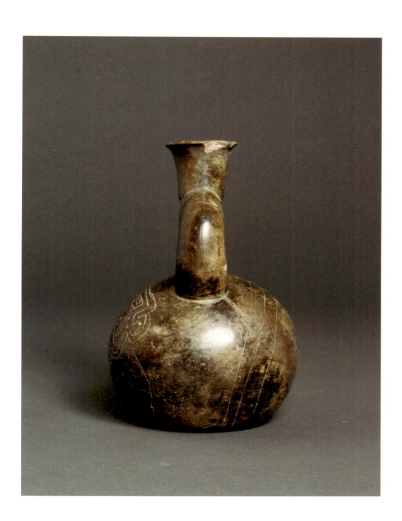

ジャガー人間刻文鐙型ボトル

ペルー北部海岸／形成期中期／器高 206 × 胴部径 135 ／東京大学総合研究博物館資料部

金属を思わせるほどに器面を高度に磨研した土器は形成期に特有である。彩文以上に刻文を多用するのも形成期の特徴と言えよう。この土器の片面に彫られているのは、向かって左側を見ている、ジャガーと融合した人物の横顔である。上目遣いや下目遣いの大きな目は「エキセントリック・アイ」と呼ばれ、形成期の宗教美術に特徴的な要素である。耳は普通の人間の耳であるが、大きく裂けた口からはネコ科動物の牙をのぞかせる。このような図は、シャーマンが幻覚剤を服用し、ジャガーと一体になった超常的な状態を表しているという説がある。この土器の類例はきわめて数多く知られており、横顔だけでなく、反対側に 2 本から 4 本のアーチが描かれるところまで共通である。

Botella con asa estribo y diseño inciso de hombre-jaguar

Costa norte del Perú / Periodo Formativo Medio / 206 de alto x 135 de diámetro de cuerpo / UMUT

Cerámica de superficie altamente pulida y de aspecto metálico, es particular del Periodo Formativo. Cabe señalar que frecuentemente se encuentran más diseños de delineados incisos que diseños pintados en dicha época. El grabado en un lado de esta vasija representa el perfil de un jaguar antropomorfo que dirige su mirada hacia la izquierda. También cuenta con un "ojo excéntrico" que mira hacia arriba o abajo y es un elemento característico del arte ritual del Formativo. Mostrando la oreja de un hombre normal, la boca ampliamente abierta contiene colmillos felinos. Algunos investigadores suponen que esta figura representaría a un chamán en estado de sincretismo sobrenatural por medio de la ingesta de alucinógenos. Esta pieza tiene varios ejemplos similares que comparten no solo el perfil sino también arcos concéntricos dibujados de dos a cuatro líneas incisas al otro lado del cuerpo.

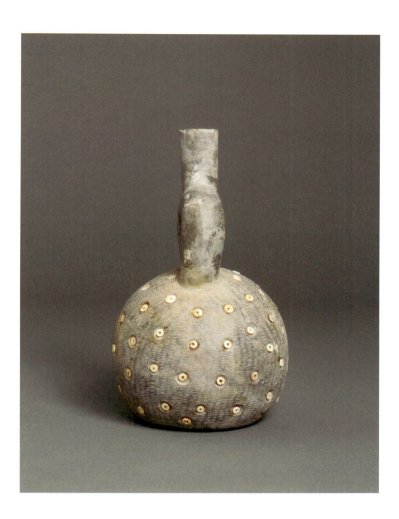

貝玉象眼鐙型ボトル

ペルー北部海岸／形成期中期／器高 226× 胴部径 135 ／ BIZEN 中南米美術館

貝製のビーズを凹面に貼り付けてある。古代アンデスの土器に貝や金属など他の素材を組み合わせた事例はあるが、形成期の土器では珍しい。海岸部で発展したアンデス文明では古くから貝は食用のほか工芸用に用いられた。エクアドルなどより北方の遠隔地からもたらされた、肉厚のウミギクガイ（スポンディルス、*Spondylus princeps*）やカブトソデガイ（ストロンブス、*Strombus galeatus*）などが重用された。貝殻は装飾品だけでなく釣り針などにも加工された。

Botella con asa estribo e incrustaciones de cuentas de concha

Costa norte del Perú / Periodo Formativo Medio / 226 de alto x 135 de diámetro de cuerpo / Museo Latinoamericano de BIZEN

Pequeñas cuentas de concha han sido pegadas en las depresiones superficiales. Existen otros ejemplos de cerámica combinada con materiales como concha y metal, sin embargo, entre las piezas del Periodo Formativo este decorado no es común. La civilización andina también se sustentó con recursos marinos, de modo que los moluscos fueron utilizados como alimento y material para artefactos desde sus inicios. Las conchas gruesas como Spondylus (*Spondylus princeps*) y Strombus (S*trombus galeatus*) traídas desde regiones ecuatorianas fueron empleadas asiduamente. Además de ornamentos, conchas sirvieron como anzuelos, instrumentos de uso común.

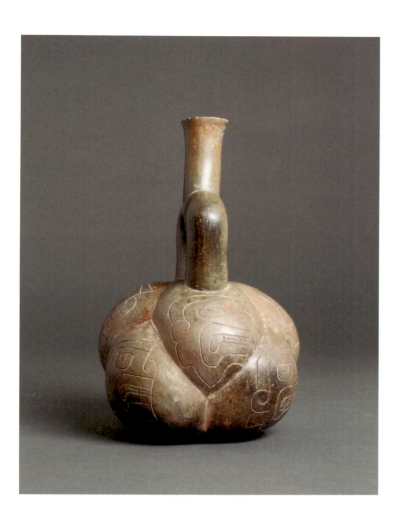

人頭入り籠象形鐙型ボトル

ペルー北部海岸／形成期中期／器高 261 × 胴部最大径 170 ／ BIZEN 中南米美術館

刻線で掘られた頭部横顔は、牙などの超自然的な要素を持たない通常の人間である。十四人面金冠同様、切断した人間の頭部を詰め込んだ籠を表している。このモチーフは形成期中期の石皿の装飾や、形成期後期の神殿壁画などにも例があり、重要な宗教的テーマだったと考えられる。形成期の陶工はまだ分割型の技法を使っておらず、こういった複雑な形状は粘土板を変形させながら貼り合わせて作っている。

Botella con asa estribo representando escultóricamente a una canasta repleta de cabezas humanas decapitadas

Costa norte del Perú / Periodo Formativo Medio / 261 de alto x 170 de diámetro máximo de cuerpo / Museo Latinoamericano de BIZEN

Las cabezas de perfil con líneas incisas representan a hombres normales carentes de elementos sobrenaturales como colmillos. El cuerpo de esta botella retrata una canasta repleta de cabezas humanas cercenadas tal como la Corona de oro de catorce caras. Este motivo se encuentra en la decoración de vasijas líticas del Periodo Formativo Medio y en la pintura mural centros ceremoniales del Formativo Tardío. Se puede sostener que fue una temática religiosa muy importante. Los alfareros del Periodo Formativo aun no utilizaron la técnica de molde y de ahí que vasijas de forma compleja como esta pieza fueran elaboradas con la combinación de tablas de arcilla.

動物刻文・彩文双胴鐙型ボトル

ペルー北部海岸／形成期中期／器高 206× 左右幅 257× 奥行 128 ／ BIZEN 中南米美術館

二つに分かれた胴部は、中央のチューブで内部がつながっている。刻線で囲んだ中に黒色の焼成前彩色が施されている。描かれているのはカニなどの甲殻類かもしれない。単色の赤色土器は形成期前期から存在したが、形成期中期になると黒と組み合わせた事例が現れる。ただし焼成後にグラファイトを塗布するものと、この個体のように焼成前から塗布してあるものとに二分できる。前者はヘケテペケ川から南にかけて発掘された事例がある。後者は逆に北にかけての地域で盗掘されたと見られるが、近年レケ川流域でようやく発掘事例が報告された。形成期の精巧な土器はしばしば「クピスニケ様式」と一括されるが、盗掘によって世に出たため出自が分からないものばかりであり、地理的多様性について研究が進んでいない。

Botella de dos cuerpos con asa estribo y diseño inciso y pintado de animales

Costa norte del Perú / Periodo Formativo Medio / 206 de alto x 257 de largo x 128 de ancho / Museo Latinoamericano de BIZEN

El lado interior de los dos cuerpos está conectado por un tubo central y por dentro presenta parcelaciones delimitadas por líneas incisas pintadas con engobe negro. Los diseños representarían a crustáceos como el cangrejo, aunque estarían intensamente estilizados. Los cerámicos de vasijas rojas monocromas existieron desde el Periodo Formativo Temprano y a partir del Formativo Medio comenzaron a aparecer piezas bicromas: rojo y negro. Estos pueden dividirse en dos grupos, uno caracterizado por el pintado post-cocción de grafito sobre la superficie roja, y otro de pintado pre-cocción con engobes rojos y negros como en la pieza exhibida. Varias piezas correspondientes al primer grupo fueron excavadas en valles del sur de valle de Río Jequetepeque. Según informaciones de excavadores informales, el otro grupo posiblemente corresponde a la parte norte del mismo valle y recientemente están siendo recuperadas adecuadamente en el valle de Reque. Las cerámicas finas del Periodo Formativo han sido agrupadas bajo el nombre "Estilo Cupisnique", sin embargo, falta aclarar el diverso origen geográfico porque la gran mayoría de piezas conocidas son fruto de excavaciones clandestinas y carentes de contexto arqueológico.

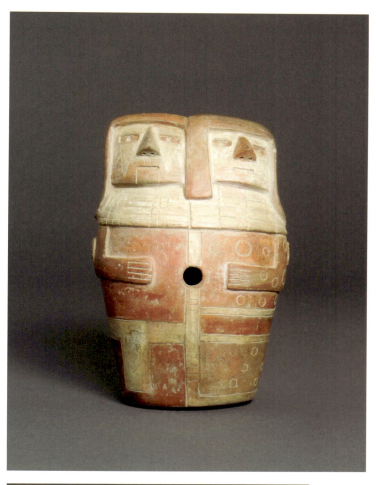

肩を組む男女の笛付き土偶

ペルー北部海岸／形成期中期／高 218× 左右幅 145× 奥行 87 ／BIZEN 中南米美術館

焼成していないものを含めれば、中央アンデスにおける土偶の登場は土器よりも早い。この展示品と胎土や表面調整、人物造形の細部が類似した事例はいくつか知られており、頭部の孔を吹き口にすると笛になる点も共通である。土器に表現される人物とは表現が異なっているため、土器と土偶では製作者が違ったのかもしれない。向かって左のふんどしを着けた人物が男性、右が女性である。別のコレクションによく似た土偶が知られるが、そちらは男性が短髪なのに対し、この個体では男性もやや髪が長い。

Figurina silbadora de una pareja abrazada por los hombros

Costa norte del Perú / Periodo Formativo Medio / 218 de alto x 145 de largo x 87 de ancho / Museo Latinoamericano de BIZEN

De incluirse piezas sin cocer, la aparición de *figurinas* de barro es más temprana que la elaboración de vasijas en los Andes Centrales. Existen varias muestras similares a la pieza exhibida con respecto a la pasta, el acabado superficial o el detalle de representación de las figuras. Además, esta y otras piezas funcionan como silbatos al soplar por el agujero de la cabeza. Es probable que los alfareros de vasijas y los de *figurinas* sean de distinto clase porque la representación antropomorfa también difiere. El personaje de lado izquierdo que mira de frente y lleva taparrabos es un hombre, mientras que a la derecha aparece una mujer. El hombre de esta pieza tiene el pelo largo, pues se cuenta con una pieza muy similar en otra colección donde el hombre tiene el pelo corto.

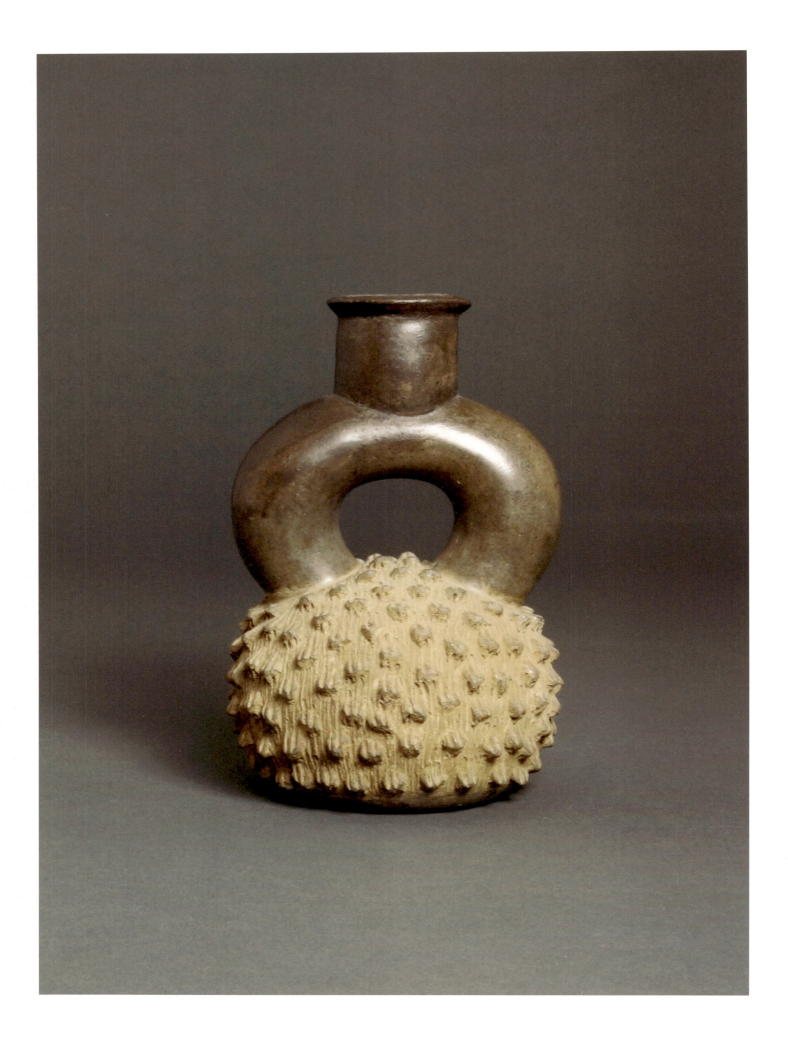

チェリモヤ象形鐙型ボトル

ペルー北部海岸／形成期後期／器高 195× 胴部最大径 125 ／ BIZEN 中南米美術館

太い鐙型注口と、刻みを入れた突起で覆われた胴部を組み合わせたこのボトルは、発掘・盗掘された形成期後期土器の中に類例が多い。胴部はおそらく南米原産の果実のひとつチェリモヤ（Annona cherimola）を模している。南米で栽培化された食用植物は数多く、スペインによる征服後、世界の食文化に大きな影響を与えた。果実類以上に多様なのは塊根（イモ）類であり、熱帯低地原産ではキャッサバ（マニオク、タピオカとも、Manihot esculenta）、高地原産ではジャガイモ（Solanum. spp.）が代表格である。ほかにセイヨウカボチャ（Cucurbita spp.）、ラッカセイ（Arachis hyopogaea）などが日本で身近な南米原産の作物である。サツマイモ（Ipomoea batatas）は南米・中米両方で栽培化された可能性がある。

Botella con asa estribo representando escultóricamente a un fruto de chirimoya

Costa norte del Perú / Periodo Formativo Tardío / 195 de alto x 125 de diámetro máximo de cuerpo / Museo Latinoamericano de BIZEN

Esta botella, caracterizada por un gollete asa estribo grueso y un cuerpo cubierto por varias salientes cortadas, tiene varios ejemplares similares entre las cerámicas del Periodo Formativo Tardío, obtenidas en excavaciones científicas así como en el saqueo informal realizados en el norte del Perú. Su cuerpo representa al fruto de la chirimoya (Annona cherimola), una planta procedente de Sudamérica. Varias plantas comestibles fueron domesticadas en dicho continente e inclusive han influido fuertemente en la gastronomía a nivel mundial desde la conquista. Particularmente, los tubérculos son más diversos que las frutas y en cuanto a los más representativos se cuenta para la selva con la yuca (Manihot esculenta), y para la sierra la papa (Solanum. spp.). También el zapallo (Cucurbita spp.) y el maní (Arachis hyopogaea) de Sudamerica gozan de popularidad en Japón. Del mismo modo, el camote (Ipomoea batatas) podría haber sido domesticado tanto en Sudamérica como en Centroamérica.

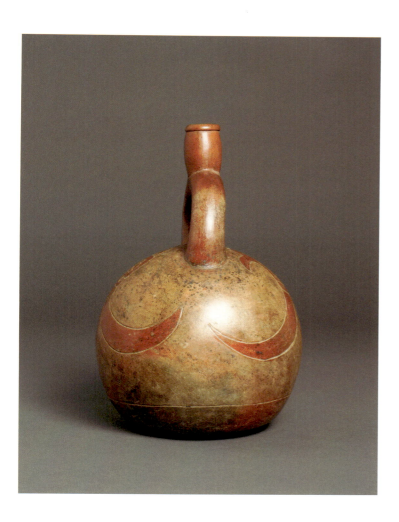

動物刻文鐙型ボトル

ペルー北部ヘケテペケ谷／形成期後期／器高260×胴部径172／BIZEN中南米美術館

鐙の輪が小さく胴部の大きいバランスや、赤い器面の色味や表面調整からして、ヘケテペケ川上流域クントゥル・ワシ神殿コパ期の陶工が作ったものと考えられる。描いてある文様は神話的動物で、その横顔にエキセントリック・アイが含まれている。その両側の円形の孔はどちらかが耳、他方が鼻孔だと考えられるが、下方に延びる2本の尾状の突起まで含め、全体としてどのような姿であるのか判然としない。コパ期の美術は、その前のクントゥル・ワシ期の複雑で洗練された図像を原型としているようだが、より抽象化・簡略化されているため、そのテーマを解釈するのは難しい。

Botella con asa estribo y diseño inciso de animal

Valle de Jequetepeque, norte del Perú / Periodo Formativo Tardío / 260 de alto x 172 de diámetro de cuerpo / Museo Latinoamericano de BIZEN

La misma proporción interna de la vasija (pequeño gollete asa estribo en comparación con el cuerpo), el color obtenido y el acabado superficial podrían ser considerados como resultados de la alfarería de la fase Copa, templo Kuntur Wasi, valle alto de Jequetepeque. El delineado inciso grafica un animal mítico cuyo perfil de cabeza muestra un ojo excéntrico. Uno de los dos hoyos circulares a ambos lados del ojo podría ser una oreja y el otro una fosa nasal. Sin embargo, la forma completa del animal, incluyendo los dos salientes en forma de cola, no resulta ser comprensible. El modelo artístico de la fase Copa es una iconografía complicada procedente de la fase Kuntur Wasi, ocupante previa del mismo templo. La temática es difícil de interpretar por su mayor nivel de abstracción y simplificación.

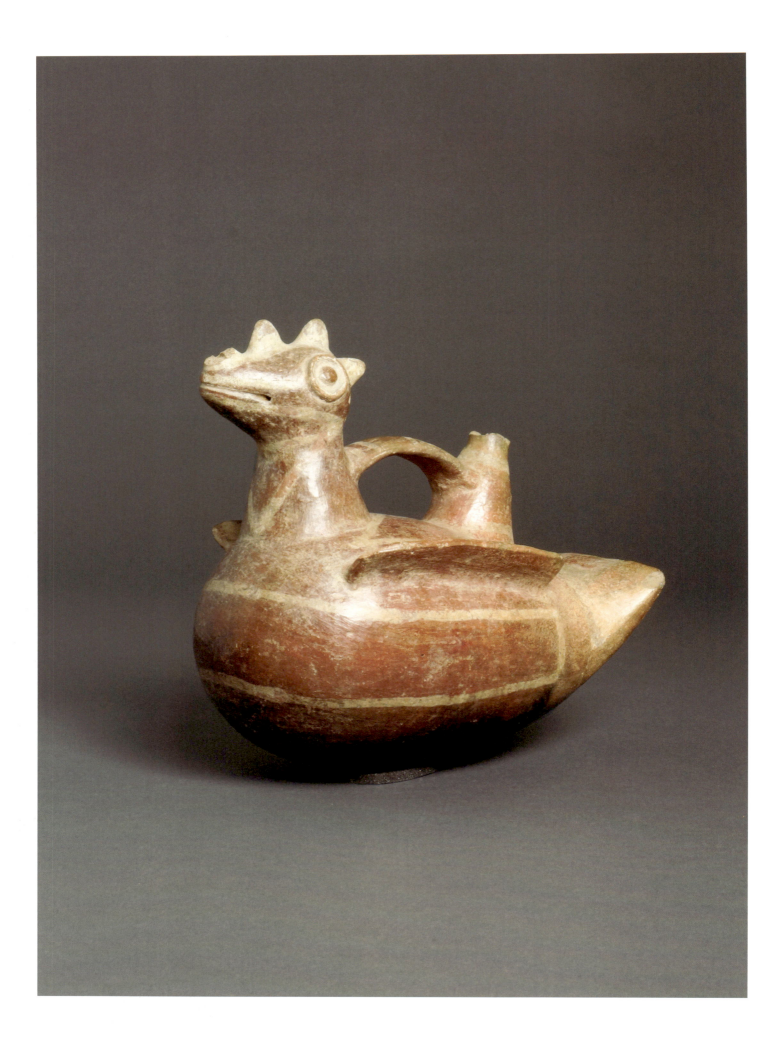

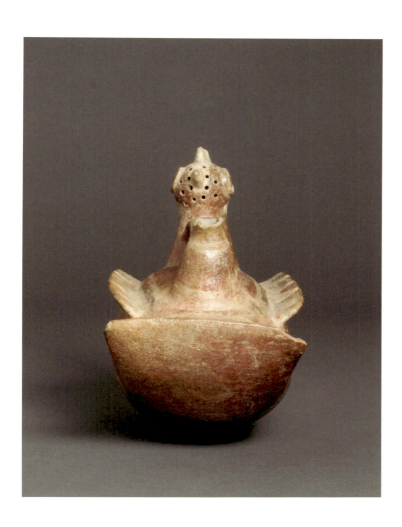

笛付きカモ象形橋形把手ボトル

ペルー極北部海岸／地方発展期、ビクス文化／器高 215× 左右幅 142× 奥行 225 ／ BIZEN 中南米美術館

様式化されているため奇妙な動物像に見えるが、平たいくちばし、羽冠もしくは鶏冠、水平に広がる尾羽などから、カモ科のバリケン（モスコビー・ダック、*Cairina moschata*）と考えられる。リャマ（*Lama glama*）、アルパカ（*Vicugna pacos*）、テンジクネズミ（モルモット、*Cavia porcellus*）はアンデスに起源を持ちその地で家畜化された動物であるが、バリケンは中米から南米大陸にかけての広い地域で並行して飼育されていた。この作品は後頭部に 14 個の孔が開いており、この部分が笛となって、液体を出し入れする際に空気が動いて甲高い音が出る。白い彩文は一部がはがれていることから分かるように、ビクス文化に特徴的な白い粘土による焼成後彩色技法である。

Botella silbadora con asa puente representando escultóricamente a un pato criollo

Costa del extremo norte peruano / Cultura Vicús, Periodo de Desarrollos Regionales / 215 de alto x 142 de largo x 225 de ancho / Museo Latinoamericano de BIZEN

Si bien la estilización podría representar a un animal extraordinario, el pico plano, la cresta y el rabo de plano horizontal indican que se trata del pato criollo (*Cairina moschata*). Mientras que la llama (*Lama glama*), la alpaca (*Vicugna pacos*) y el cuy (*Cavia porcellus*) son animales procedentes de los Andes domesticados ahí mismo, el pato criollo fue criado simultáneamente a lo largo de una zona amplia que abarca Centroamérica y Sudamérica. Esta pieza tiene 14 perforaciones en el lado posterior de la cabeza y funciona como silbato cuando entran y salen líquidos. El diseño pintado en blanco (parcialmente desvanecido) es una técnica de pintura post-cocción con arcilla blanca que caracteriza a la cerámica Vicús.

笛付きシカ象形橋形把手ボトル

ペルー極北部海岸／地方発展期、ビクス文化／器高 208× 左右幅 111× 奥行 227 ／ BIZEN 中南米美術館

アンデス文明において肉として消費された大型ほ乳類は、シカとラクダ科動物である。この土器が表しているのはアンデス山脈西斜面の河谷に棲息するオジロシカ（*Odocoileus virginianus*）であり、体に斑点があるのでまだ幼い個体であろう。ラクダ科動物とちがって家畜化されず狩猟対象とされ、追い込んで網にかけたり、投げ槍で仕留めたりした。モチェ文化の図像では、ラクダ科動物リャマが写実的に描かれるのと対照的に、シカはしばしば衣服や装身具を着けて擬人化され、また種子に幻覚作用のある樹木ビルカ（*Anadenanthera colubrina*）と一緒に描かれる事例が多いことなどから、古代アンデスにおいて両者の象徴性は大きく異なっていたと考えられる。この土器では背中の斑点に、ビクスの土器に多用されたネガティブ技法が用いられている。酸化焔焼成で赤褐色に焼いた器面に水で薄く溶いた粘土で模様を描き、短時間だけ還元焔焼成して器面色を暗くし、最後に粘土の覆いをはがして当初の色を露出させる、という方法である。

Botella silbadora con asa puente representando escultóricamente a un venado

Costa del extremo norte peruano / Cultura Vicús, Periodo de Desarrollos Regionales / 208 de alto x 111 de largo x 227 de ancho / Museo Latinoamericano de BIZEN

Los grandes mamíferos de consumo en la Civilización Andina son los cérvidos y los camélidos. Esta pieza representa a un venado de cola blanca (*Odocoileus virginianus*) que habita en los valles de la región occidental de los Andes. Las manchas en el cuerpo indican que es una cría. A diferencia de los camélidos, tales cérvidos no fueron domesticados y, por lo tanto, solo cazados. Para tal fin eran acorralados por redes y ultimados con lanzas. En la iconografía de la Cultura Moche, mientras que las llamas fueron representadas de manera realista, los venados frecuentemente son retratados en vestimenta y adornos, algunos de ellos dibujados con el árbol de vilca (*Anadenanthera colubrina*) cuya semilla es un alucinógeno. Se infiere que la simbología del venado es distinta de los camélidos dentro de la Civilización Andina. Esta pieza se ha elaborado por medio de la técnica del "negativo", procedimiento frecuente en la cerámica Vicús para dibujar las manchas del dorso. La aplicación consiste en trazar diseños a base de pequeños trozos de pasta fresca en la superficie marrón rojiza de la pieza ya cocida en una atmósfera oxidante, luego volver a cocerla brevemente en una atmósfera reductora para lograr una coloración más oscura, y finalmente retirar las coberturas para descubrir los diseños que mantienen el color previo.

カニ彩文鐙型ボトル

ペルー北部海岸／地方発展期、モチェ文化／器高 168×胴部径 146／BIZEN 中南米美術館

この土器に描かれたカニ（おそらく *Platyxanthus orbignyi* ）のように、アンデス文明のさまざまな美術様式の中で、モチェ文化の美術には比較的写実的な表現が多い。同時にモチェの工人は自然界の象徴性を強調したので、カニに人間の頭と手足が生えて擬人化された表現も産みだしている。モチェの土器には黒色や褐色の単色のものもあるが、白と赤の 2 色を使うものが典型的である。

Botella con asa estribo y diseño pintado de un cangrejo

Costa norte del Perú / Cultura Moche, Periodo de Desarrollos Regionales / 168 de alto x 146 de diámetro de cuerpo / Museo Latinoamericano de BIZEN

Dentro de varios estilos artísticos de la Civilización Andina, el de la Cultura Moche se caracteriza por sus representaciones relativamente realistas como las del cangrejo, probablemente *Platyxanthus orbignyi*, dibujado en esta botella. Simultáneamente, los artistas mochicas enfatizaron la simbolización de la naturaleza y por eso también produjeron imágenes de cangrejos personificados que cuentan con cabeza y cuatro extremidades antropomorfas. Las cerámicas bicromas en blanco y rojo son recurrentes además de otros ejemplares monocromos en negro o marrón.

トカゲ彩文鐙型ボトル

ペルー北部海岸／地方発展期、モチェ文化／器高 195× 胴部径 149 ／ BIZEN 中南米美術館

先コロンブス期のアンデス美術にはヘビ、カメ、イグアナ、トカゲなどのは虫類があらわれる。モチェ文化の図像においては、イグアナはしばしば擬人化され、貴人の衣装や装飾品を身にまとった姿で描かれる。この土器に描かれているものは、尻尾に背びれが付かないのでイグアナではなくトカゲと考えられる。トカゲは食用になり、今日のペルー海岸部でも地域によっては消費されている。

Botella con asa estribo y diseño pintado de lagartijas

Costa norte del Perú / Cultura Moche, Periodo de Desarrollos Regionales / 195 de alto x 149 de diámetro de cuerpo / Museo Latinoamericano de BIZEN

Los reptiles como serpientes, tortugas, iguanas y lagartijas suelen aparecer en el arte andino precolombino. La iconografía moche frecuentemente presenta iguanas personificadas con atuendos y ornamentos de hombres de alta jerarquía. Las que se encuentran pintadas en esta pieza serían lagartijas porque no tienen aletas caudales como las iguanas. Las lagartijas son comestibles y actualmente son consumidas en algunas regiones costeñas del Perú.

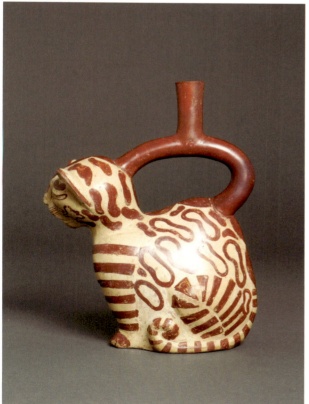

ヤマネコ（オセロット）象形鐙型ボトル

ペルー北部海岸／地方発展期、モチェ文化／器高 250× 左右幅 105× 奥行 199 ／BIZEN 中南米美術館

四肢に縞が描かれたこのネコ科動物はオセロット（*Leopardus pardalis*）と考えられる。アンデス美術で描かれるネコ科動物にはジャガーやプーマなどの猛獣が多いが、サルバドール・ダリがペットとしていたようにオセロットは飼育可能なヤマネコである。牙や爪を強調しない表現には愛玩用に飼われた可能性をうかがわせる。モチェの土器に、高位の人物がオセロットの頭を撫でている様子を描いたものもある。なお古代アンデスではイヌやサルやイグアナなどがペットとして飼育されていた。

Botella con asa estribo representando escultóricamente a un gato montés (ocelote)

Costa norte del Perú / Cultura Moche, Periodo de Desarrollos Regionales / 250 de alto x 105 de largo x 199 de ancho / Museo Latinoamericano de BIZEN

Este felino que lleva rayas en las patas parece ser un ocelote (*Leopardus pardalis*). La gran mayoría de los felinos retratados en el arte andino son fieras silvestres como el jaguar y el puma, sin embargo, el ocelote es domable como en el caso de aquella mascota criada por Salvador Dalí. La representación carente de colmillos y garras sugiere que habrían sido criados como mascotas. Entre las botellas moche existen ejemplares cuya representación escultórica se refiere a de un jerarca acariciando a un ocelote en la cabeza. Asimismo, en los andes los perros, monos e iguanas fueron criados como mascotas.

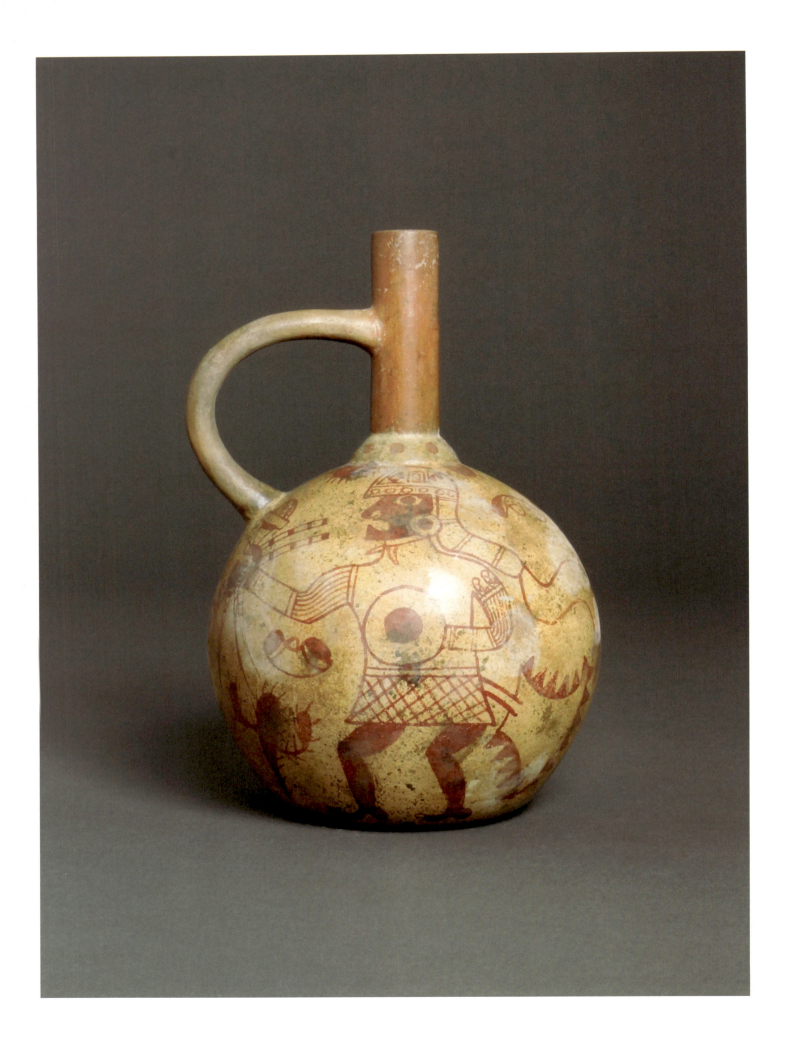

戦士画長頸ボトル

ペルー北部海岸／地方発展期、モチェ文化／器高 229× 胴部径 150／BIZEN 中南米美術館

兜、盾、投槍、棍棒などで武装した戦士たちが描かれている。モチェ社会において、戦士は貴族身分にある。ほぼ同じような装備の戦士たちが格闘する様子が描かれるため、モチェの戦争は異なる政体との争いではなく、あくまでも儀礼的な戦闘であった可能性がある。ただし破れた者は捕らえられ、全裸にされて引き立てられ、生け贄にされる。周囲に浮遊するインゲンマメは、儀礼の光景の中にしばしば描かれるモチーフである。

Botella con diseño pictórico de guerreros

Costa norte del Perú / Cultura Moche, Periodo de Desarrollos Regionales / 229 de alto x 150 de diámetro de cuerpo / Museo Latinoamericano de BIZEN

En la sociedad moche los guerreros poseían alto rango y a estos se les suele representar armados con casco, escudo, lanza y porra. En cuanto al arte, cuando aparece un guerrero peleando con otro que lleva el mismo armamento se puede deducir que no habría sido una batalla entre grupos políticos, sino simplemente un enfrentamiento ritual. No obstante, los perdedores eran capturados, desnudados y destinados al sacrificio. Los pallares dibujados como si flotaran en el aire son motivos que surgen frecuentemente en escenas rituales.

棍棒象形武具画鐙型ボトル

ペルー北部海岸／地方発展期、モチェ文化／器高 222× 胴部最大径 150 ／ BIZEN 中南米美術館

ボトルの胴部上半は六つの突起を持つ棍棒頭を模している。このような棍棒頭は銅製のものが多く発見されている。中央の孔に棒を通して使用されるが、この土器でも棒の先端が表現されている。下半には円盾を中心に棍棒・投槍・投石紐を重ねた像と、突起を持つ棍棒とが描かれている。このような武具はインカ帝国期まで受け継がれた。アンデスの戦闘は殲滅を意図したものではなく、鉄剣・鉄砲・甲冑・騎馬術を操るスペインの征服者たちには歯が立たなかった。なお弓矢は熱帯雨林地域でしか用いられなかった。

Botella con asa estribo representando escultóricamente a una porra con diseño pictórico de armas

Costa norte del Perú / Cultura Moche, Periodo de Desarrollos Regionales / 222 de alto x 150 de diámetro máximo de cuerpo / Museo Latinoamericano de BIZEN

La mitad superior del cuerpo de esta botella representa la cabeza de una porra con seis puntas. Varias piezas de este tipo de cabeza de porra a base de cobre han sido recuperadas. Esta cerámica muestra cómo el extremo del mango penetra la abertura central. La mitad inferior ha sido decorada con bloques de armas como porras, lanzas u hondas dispuestas bajo un escudo circular y alternadas con otras porras incluyendo salientes. Los guerreros de épocas posteriores heredaron esta clase de armas hasta el Periodo del Imperio Inca. Cabe añadir que durante el combate los andinos no buscaban exterminar a sus enemigos de ahí que sucumbiera a la fuerza aniquiladora de espadas férreas, armas de fuego, armaduras y caballos de los conquistadores españoles. Al respeto, los arcos y flechas solo fueron utilizados en las regiones selváticas.

人物肖像鐙型ボトル

ペルー北部海岸／地方発展期、モチェ文化／器高 297× 左右幅 164× 奥行 199 ／ BIZEN 中南米美術館

具象的なモチーフと写実的な表現はモチェ美術の特徴であるが、特定の人物をかたどった「肖像土器」はその最たるものである。土器に描かれたのは高位の人物で、同一人物を表したとみられる作品群もある。実際の人間の頭部より小さく作られているが、頭髪、装身具、入れ墨、ときに病変や外傷などの特徴が克明に表現されている。この作品にはフェイスペインティングによる顔の塗り分けが見られる。

Botella con asa estribo representando escultóricamente a retrato humano

Costa norte del Perú / Cultura Moche, Periodo de Desarrollos Regionales / 297 de alto x 164 de largo x 199 de ancho / Museo Latinoamericano de BIZEN

Representación a manera concreta y realista caracteriza el arte mochica. En este sentido cabe decir que el "huaco retrato" es la perfección artística de ésta cultura. Los modelos de retratos, son personas de alto rango y se encuentran piezas que representan al mismo hombre. Hecho en tamaño menor que una cabeza humana, sin embargo expresa minuciosamente sus peculiaridades como cabello, ornamentos, tatuajes y a veces lesiones y heridas. La pieza exhibida muestra además pintura facial que adorna su rostro parcialmente.

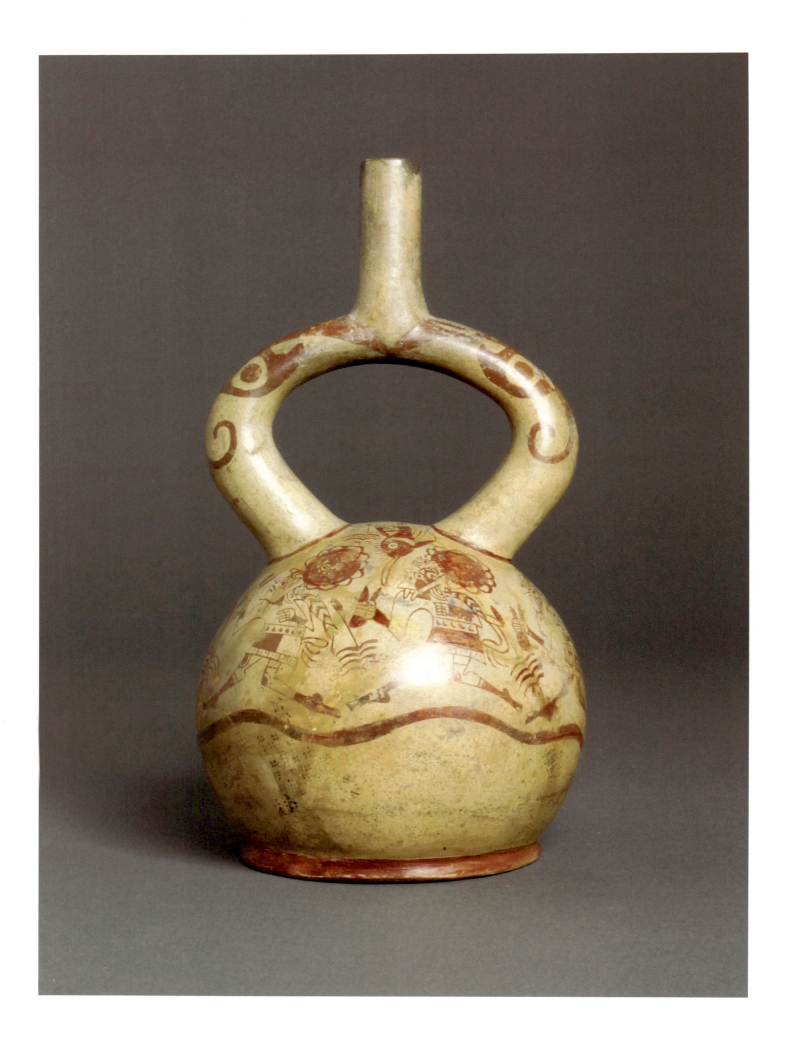

競走情景画鐙型ボトル

ペルー北部海岸／地方発展期、モチェ文化／器高 292× 胴部径 155 ／BIZEN 中南米美術館所蔵

頭飾りを付け小さな包みを握って走る人物たちの「競走」は、モチェの土器に頻繁に描かれる情景の一つである。描写には多様性があり、小さなマメに手足が生えて走り出し、やがて人物になっていく事例や、擬人化したトリやキツネが走っている事例、目指す先に神殿があって高位の人物が座っている事例などが知られる。モチェ社会において広く知られた神話的情景なのであろう。

Botella con asa estribo y diseño pictórico de la escena de una carrera

Costa norte del Perú / Cultura Moche, Periodo de Desarrollos Regionales / 292 de alto x 155 de diámetro de cuerpo / Museo Latinoamericano de BIZEN

La competencia de los personajes con un tocado grande y una pequeña bolsa en la mano es una de las escenas más frecuentemente dibujada en la cerámica moche y por eso se encuentran variaciones de representación. Así, para el caso de otra botella, de unos frijoles brotan manos y piernas dando la impresión de desplazamiento al mimetizarse con los personajes. Asimismo en otra botella, los corredores son aves y zorros antropomorfizados. También en otra representación un jerarca se encuentra sentado en un templo al frente de los corredores. Posiblemente se simbolice una escena mítica muy conocida en la sociedad moche.

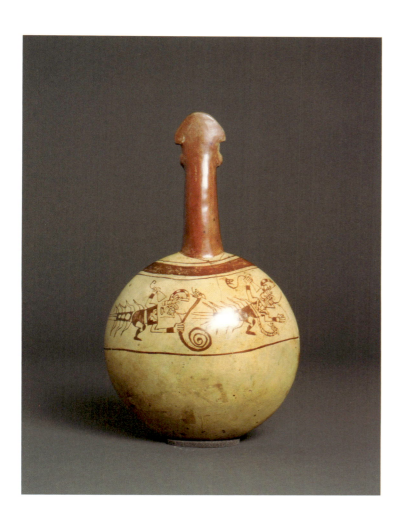

人頭象形付き擬人化動物画焙烙形土器（カンチェーロ）

ペルー北部海岸／地方発展期、モチェ文化／器高 106× 胴部径 185、全長（把手含む）340／BIZEN 中南米美術館

日本の焙烙に似た形状で、ポップコーン（カンチャ）を炒る調理具を意味する「カンチェーロ」と呼ばれるが、実際に火にかけて使用されたかどうかは定かでない。トウモロコシの栽培化はメキシコで起こったが、きわめて速くアンデスに到達したと見られる。南米大陸最古のトウモロコシが近年北部ペルー海岸部で出土したが、ポップコーンに調理できる特性を備えたものであった。展示品は把手の末端に人物頭部像を持ち、下面に 2 匹の擬人化された動物、おそらくムカデが描かれている。

Canchero con asa escultórica de cabeza humana y diseño pictórico de animales antropomorfizados

Costa norte del Perú / Cultura Moche, Periodo de Desarrollos Regionales / 106 de alto x 185 de diámetro de cuerpo y 340 de largo total (incluyendo el mango) / Museo Latinoamericano de BIZEN

De forma similar al sartén cerámico japonés, esta cazuela se denomina "*Canchero*", recipiente elaborado para tostar la cancha (maíz deshidratado), sin embargo, ahora está en duda si realmente era un tostador. La domesticación del maíz comenzó en México y llegó al Perú rápidamente. El maíz más antiguo de Sudamérica recientemente ha sido excavado en la costa norte del Perú y también podría ser consumido como cancha. La pieza exhibida tiene una *figurina* de cabeza humana en el extremo de mango y en la cara inferior presenta la pintura de dos animales antropomorfizados, posiblemente sean ciempieses.

彩文鐙型ボトル

ペルー北部海岸／地方発展期、モチェ文化／器高 203× 胴部径 163 ／BIZEN 中南米美術館

モチェ文化の美術は、鐙型注口の形状の細部の違い、線描画の表現や配置などをもとに、編年的に5時期に区分できるとされてきた。この土器のように注口がすぼまった形状はⅤ期に分類され、終末期に相当するとされる。モチェⅤ期の土器はすき間がないほどにびっしりと線画が描かれることが多いが、この個体は例外的にシンプルである。研究の進展に伴い、モチェ美術が分布するきわめて広い地理的範囲は、単一の政体が統治したのではなく、文化的要素を共有するいくつもの地域的な政体の間での長い相互作用の結果だと分かってきた。土器の多様性には時期差だけでなく地域差が反映されているのかもしれないため、モチェ美術の5時期編年にも検討が必要となっている。

Botella con asa estribo y diseño pintado

Costa norte del Perú / Cultura Moche, Periodo de Desarrollos Regionales / 203 de alto x 163 de diámetro de cuerpo / Museo Latinoamericano de BIZEN

Se creía que el desarrollo artístico de la Cultura Moche podía dividirse en cinco categorías que corresponden a una secuencia cronológica según diferentes atributos como la forma de gollete de las botellas o algunas características de representación pictórica. Esta pieza tiene el pico en forma de cono truncado y correspondería a la "Fase V" o última. Las cerámicas de Moche V se caracterizan por dibujos pictóricos que saturan la superficie, sin embargo, esta pieza es excepcionalmente simple. Con el desarrollo de investigaciones arqueológicas se ha podido explicar que la distribución geográfica muy extensa de arte mochica no solo señala el territorio gobernado por un estado, sino también sería el resultado de una larga historia de intercambios entre varios estados locales que habrían compartido elementos culturales. Por otra parte, la idea de "cinco fases" de secuencia cronológica para el arte mochica necesitaría ser revisada, pues la variedad evidenciaría, además de diferencias cronológicas, otras diferencias geográficas.

戦士とリャマ象形ボトル

ペルー北部山地／地方発展期、レクワイ文化／器高 214× 左右幅 136× 奥行 148 ／ BIZEN 中南米美術館

四角い盾を装備し、半円形の頭飾りを着けた戦士がリャマを伴って立つモチーフは、レクワイ文化の象形土器にたびたび現れる。アンデスには高地に適応した野生のラクダ科動物グァアコ（*Lama guanicoe*）とビクーニャ（*Lama guanicoe*）がおり、また家畜化されたリャマ（*Lama glama*）とアルパカ（*Vicugna pacos*）がいる。主としてグァナコの特性を色濃く残す家畜がリャマである。リャマはアルパカより強靭で、30kg ほどの荷を担いで 1 日 20km 前後歩き、低地でも生存できる。世界の古代文明の中で、南北アメリカ大陸の文明は車輪が実用化されなかったことで知られるが、アンデスではリャマに荷を積んで山道を上り下りするのが常であるので、そもそも荷車の発達する契機がなかったと言える。

Botella representando escultóricamente a un guerrero y a una llama

Sierra norte del Perú / Cultura Recuay, Periodo de Desarrollos Regionales / 214 de alto x 136 de largo x 148 de ancho / Museo Latinoamericano de BIZEN

El motivo de un guerrero con diadema semicircular y escudo cuadrangular acompañado por una llama es frecuente entre las botellas escultóricas de la Cultura Recuay. En los Andes habitan dos especies silvestres de camélidos adaptados al altiplano: guanaco (*Lama guanicoe*) y vicuña (*Lama guanicoe*), y dos domesticados: llama (*Lama glama*) y alpaca (*Vicugna pacos*). Las llamas mantienen las características de los guanacos. Son más robustas que las alpacas, pueden llegar a cargar hasta 30 kg de peso, son capaces de caminar unos 20 km por día e inclusive se adaptan a los climas de tierras bajas. Entre las civilizaciones antiguas del continente americano han sido famosas por desplazar el uso práctico de la rueda. Al respecto, cabe señalar que en los Andes desde el principio no se dieron las condiciones para desarrollar carretas porque el único medio de transporte por sendas montañosas era colocando la carga en el lomo de estos camélidos.

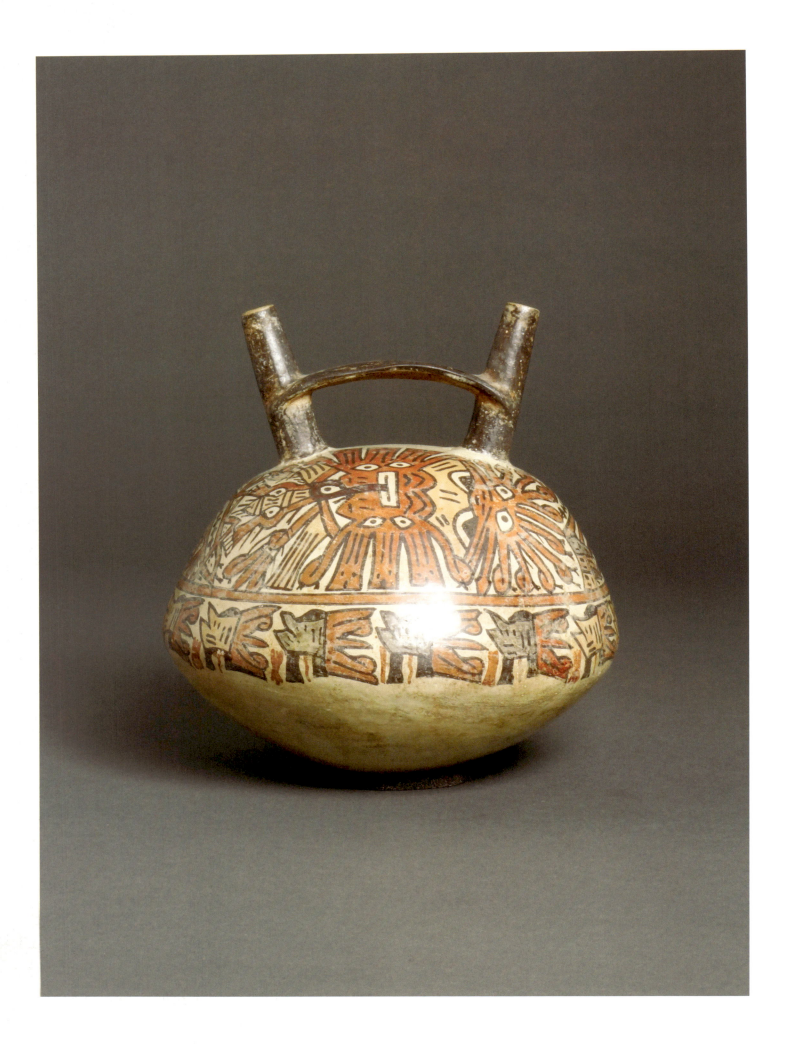

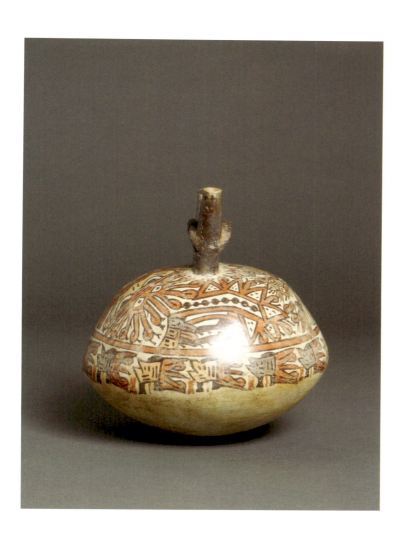

神像彩文橋付双注口ボトル

ペルー南部海岸／地方発展期、ナスカ文化／器高 200× 胴部径 188 ／BIZEN 中南米美術館

北部ペルーが単色や 2 色の土器の伝統で名高いのに対し、南部ペルーの土器は多彩色になる傾向がある。とくにナスカ文化は多彩色の土器を発展させたが、その色数は 12 色とも言われ、当時の世界で最多の色数を誇る。有名な「ナスカの地上絵」に見られるようなハチドリ、サル、シャチなどの動物もしばしば土器に描かれる。この土器は胴部上半に、口の周りに猫科動物の顔を模したマスクを着けた神像が横倒しに描かれている。この神像はナスカ美術においてしばしば多くの首級を伴って現れる。この土器でも下半に横倒しになった首級が巡っている。

Botella de doble pico con asa puente y diseño pintado de una deidad

Costa sur del Perú / Cultura Nasca, Periodo de Desarrollos Regionales / 200 de alto x 188 de diámetro de cuerpo / Museo Latinoamericano de BIZEN

Mientras que el norte del Perú está reconocido por varias tradiciones de cerámica monocroma y bicroma, la cerámica del sur tiende a ser policroma. Especialmente, para la Cultura Nasca se desarrolló mucha cerámica policroma. Se calcula que la variedad sus colores alcanza los doce, por lo cual habría ocupado el primer lugar a nivel mundial en esa época. En las vasijas fueron pintados diseños zoomórficos como picaflores, monos y orcas que también se encuentran representados en los famosos geoglifos de las "líneas de Nasca". En la mitad superior de esta botella se ha dibujado una deidad cuya boca estaría cubierta por una máscara en forma de rostro de felino en posición de costado. Esta deidad aparece constantemente dentro del arte nasca y suele estar acompañada con varias cabezas humanas decapitadas. La mitad inferior de misma pieza está rodeada por cabezas en posición recostada.

魚像彩文鉢

ペルー南部海岸／地方発展期、ナスカ文化／器高 117× 胴部径 135 ／東京大学総合研究博物館資料部

この鉢に描かれている魚はアンチョベータ（ペルーカタクチイワシ、*Engraulis ringens*）である。アンデス文明の形成過程において海産資源が重要な役割を果たしたと考えられているが、ペルー海岸部の形成期遺跡で出土する海産魚骨の中でもアンチョベータは多くの割合を占める。また飼料としても優れており、先スペイン期にテンジクネズミ（モルモット、*Cavia porcellus*）の飼養に使われたとの説もある。現在においてアンチョベータは世界でもっとも漁獲の多い魚であり、その魚粉は畜産業に不可欠となっている。アンチョベータの豊かな領海を持つペルーは 1950 年代から魚粉産業を大規模に立ち上げ、世界最大の魚粉生産・輸出国へと成長したが、それは天野芳太郎の実業家としての大きな功績のひとつであった。

Cuenco con diseño pintado de peces

Costa sur del Perú / Cultura Nasca, Periodo de Desarrollos Regionales / 117 de alto x 135 de diámetro de cuerpo / UMUT

Los peces dibujados en esta cuenca son anchovetas (*Engraulis ringens*). En el proceso de la formación de la Civilización Andina el recurso marino, desempeñó un papel importante y la anchoveta ocupa la mayor parte de restos óseos recuperados de los sitios arqueológicos de la época formativa de la costa peruana. También sirve como alimento para los animales y algunos consideran que en épocas prehispánicas fueron alimento para los cuyes (*Cavia porcellus*). En nuestro tiempo la anchoveta es el pez más pescado del mundo y su harina es indispensable para las industrias cárnicas. Con el mar territorial abundante en anchoveta, desde las décadas de año 1950, el Perú desarrolló la industria de harina de pescado en gran escala y llegó a ser el país más grande en su producción y exportación, gracias a la gran contribución de Yoshitaro Amano como industrial.

人面彩文杯（ケーロ）

ティワナク遺跡（ボリビア、ラ・パス県）／地方発展期、ティワナク文化／器高 191×口縁径 150-161 ／東京大学総合研究博物館資料部

このような器はケーロと呼ばれ、チチャ（トウモロコシの醸造酒）を飲むための儀礼的な杯である。形成期のプカラ文化にはじまりティワナク文化、ワリ文化、インカ文化など、とくに中央アンデス南部高地を起源とする文化における伝統的な器である。ただし数は少ないものの、北部海岸のモチェ、シカン、チムーなどでは黄金や銀など貴金属製のものが作られている。またとくにインカ帝国期から植民地期にかけては木製のものも多く作られた。しばしば同じ形のケーロが二つそろって発見、もしくは現代に伝わっている。植民地期に書かれた年代記によれば、チチャを振る舞う者は一対のケーロを両手に持ち、作法に従って片方を相手に振る舞い、もう片方を自分で飲む。振る舞う相手が死者や太陽神という場合もある。展示品は口縁から底部にむけて大きくすぼまっているが、この形状はティワナク文化のケーロに特徴的である。

Quero con diseño pintado de rostros antropomorfos

Tiwanaku (departamento de La Paz, Bolivia) / Cultura Tiwanaku, Periodo de Desarrollos Regionales / 191 de alto x 150-161 de diámetro de boca / UMUT

Esta especie de recipiente se denomina "quero", vaso ceremonial para tomar chicha (bebida alcohólica de maíz). Es una vasija tradicional especialmente para las culturas que tienen origen en la sierra sur de los Andes Centrales, desde la Cultura Pucará, hasta Tiwanaku, Wari, e Inca. Aunque han sido muy pocos, las culturas de la costa norte como Moche, Sicán y Chimú los produjeron a base de metales preciosos como oro y plata. También han sido manufacturados con piezas de madera, singularmente durante el Periodo del Imperio Inca y la época colonial. Los queros suelen ser descubiertos o preservados en parejas. Según algunas crónicas de la época colonial, alguien que brindara con chicha sostenía los dos queros emparejados con ambas manos y ofrecía uno al invitado para festejar mientras él mismo tomaba otro según los protocolos. Hay casos en los que se ofrece un quero a un muerto o al sol. La pieza exhibida presenta una forma muy reducida desde la boca hacia su base, detalle característico del quero de la Cultura Tiwanaku.

神像・魚像付き長頸ボトル

ワカ・ラ・メルセ神殿遺跡（ペルー、ランバイェケ県）／地方王国期、中期シカン文化／器高175×左右幅121×奥行（把手含む）150／東京大学総合研究博物館資料部

シカン文化は編年的に前期・中期・後期に区分される。中期シカンは強力な宗教的権威のもと、特徴的な美術や、土器製作や冶金などの高度な技術が発達した時代である。型で作る、高度に磨研された黒色土器のすぐれた技術は、後期シカンを征服したチムー王国に受けつがれた。展示品は、つり上がった目を持つシカン神像をかたどった、中期シカンの典型的な土器の一例である。シカン神を挟んで左右に従者の小像が、把手の上に魚の小像が載っている。1958年の東京大学アンデス地帯学術調査団による収集品であるが、出土地とされるワカ・ラ・メルセ神殿は中期シカンの首都、シカン遺跡の一部である。その20年後シカン遺跡にて、シカンという文化期名の命名者である島田泉が継続的な調査を始め、シカン文化の様相を多面的に解明することとなった。

Botella con asa y *figurinas* de deidades y un pez

Huaca la Merced (región de Lambayeque, Perú) / Cultura Sicán Medio, Periodo de Estados Regionales / 175 de alto x 121 de largo x 150 de ancho total (incluyendo la asa) / UMUT

La Cultura Sicán puede dividirse cronológicamente en tres fases, Sicán Temprano, Sicán Medio y Sicán Tardío. En Sicán Medio se desarrolló el arte y la tecnología elevada como alfarería y metalurgia bajo fuerte presión de la autoridad religiosa. El reino de Chimú conquistó la sociedad de Sicán Tardío y sucedió la alta tecnología de ceramistas de Sicán al lograr hacer cerámica negra bien pulida utilizando moldes. La pieza exhibida, es un ejemplo típico de cerámica de Sicán Medio que representa su deidad, se caracteriza por sus ojos con los rabillos hacia arriba. En ambos lados de la deidad Sicán se han colocado dos *figurinas* de un escudero y un pez encima de la asa. Es una de las piezas colectadas por la primera exposición científica de la Universidad de Tokio a los Andes en 1958, cuya procedencia es de la Huaca la Merced, un templo que ocupa una parte del Complejo Arqueológico Sicán, capital de Medio Sicán. Veinte años después Izumi Shimada, quien la denominó Cultura Sicán, comenzó su proyecto y continúo en el Complejo Arqueológico Sicán logrando aclarar la naturaleza de esa cultura desde diversos ángulos.

笛付き・棒を抱える人物像付きボトル

ペルー北部海岸／地方王国期、チムー文化／器高 197× 左右幅 140× 奥行 155 ／ BIZEN 中南米美術館

鍋や鉢などチムー文化の日常的な土器は赤色のものが多いが、精巧なボトルは黒いものが一般的で、赤色や白色や 2 色使いのものなどは少数である。チムーでは分割型によるボトルの大量生産が行われた。専門的な陶工だけでなく農民などもパートタイム労働に従事したらしく、仕上げの粗いものが目立つ。しかしこの作品は、人物像を手びねりで成形するなど丁寧な仕上げである。人物が脇に抱えている 3 本の棒は中空になっているのでカーニャ・デ・グァヤキル（中南米原産のタケ類の一種、*Guadua angustifolia*）の幹であろう。カーニャ（・デ・グァヤキル）は建材として長い歴史を持ち、形成期以前の海岸部の集落などでも住居に使われている。また冶金の工房では陶製の筒と組み合わせて炉に息を吹き込むのに用いられた。

Botella silbadora representando escultóricamente a un hombre y su carga de palos

Costa norte del Perú / Cultura Chimú, Periodo de Estados Regionales / 197 de alto x 140 de largo x 155 de ancho / Museo Latinoamericano de BIZEN

Las cerámicas utilitarias como ollas y cuencos chimú generalmente presentan color rojo, sin embargo, la mayoría de las botellas finas de la misma época son monocromas en negro. Las botellas finas rojas, blancas o bicromas son minoritarias. En la sociedad chimú una gran cantidad de botellas fueron producidas en serie utilizándose moldes. No solo los alfareros especializados, sino gente normal como agricultores también las trabajaron temporalmente y, por consiguiente, existen muchas piezas de baja calidad. No obstante, esta pieza es muy fina, pues su *figurina* fue modelada a mano. Los palos bajo el brazo posiblemente son ramas de caña de guayaquil (*Guadua angustifolia*) porque están huecos. La caña (de guayaquil) tiene una larga historia como material de construcción. De ese modo, las viviendas hechas con caña se encuentran entre los asentamientos más antiguos del Periodo Formativo en la costa. En talleres metalúrgicos esta sirvió para insuflar aire al horno conectado a través de un tubo cerámico.

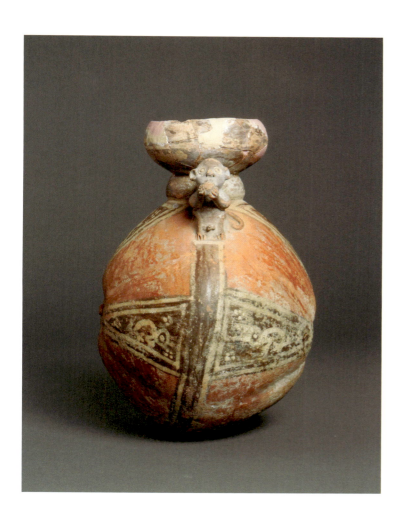

サル像付きカボチャ象形怪獣彩文壺

ラウリ遺跡（ペルー、リマ県）／地方王国期、チャンカイ文化／器高285×左右幅213×奥行180／東京大学総合研究博物館資料部

胴部はカボチャを模している。チャンカイの土器は白とグレーの2色のものが多く、赤色を伴うのは珍しい。グレーの区画内に白い線で描かれた四足獣は、地方発展期以降に描かれるようになった「月の動物」と呼ばれる超自然的な存在である。把手がサルの像になっているが、土器の注口や把手にサルの小像を付けるのは、同時代のチムー文化の土器に典型的な装飾要素である。このサルは果実のようなものを食べているように見えるが、サルはペットとして飼われたほか、モチェ文化の土器には樹上の果実を集めるよう訓練されたらしいものも表現されている。

Olla representando escultóricamente una calabaza e incluyendo diseño pintado de animales mitológicos con una *figurina* de mono

Lauri (región de Lima, Perú) / Cultura Chancay, Periodo de Estados Regionales / 285 de alto x 213 de largo x 180 de ancho / UMUT

El cuerpo de esta olla representa a una calabaza. La cerámica de la Cultura Chancay se caracteriza por su pintura bicroma de blanco y gris, sin embargo, cabe señalar que la coloración roja de esta pieza es poco común. El "animal de la Luna" aparece dentro de las parcelaciones grises, monstruo sobrenatural que apareció a partir del Periodo de Desarrollos Regionales. Una de las asas adopta la forma de un mono. Agregar *figurinas* pequeñas de mono en golletes o asas de vasija es un típico elemento decorativo de la cerámica chimú, cultura contemporánea de Chancay. Como se aprecia, el mono come algún fruto y en la época estos fueron criados como mascotas. Asimismo, dentro de la iconografía moche existen imágenes de monos que tal vez habrían sido entrenados para coger frutos de árboles.

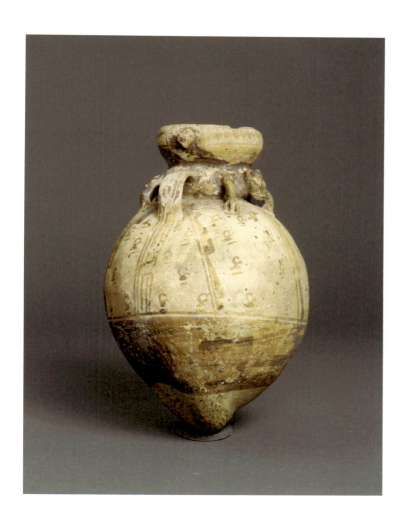

ジャガー像付き彩文壺

カキ遺跡(ペルー、リマ県)／地方王国期、チャンカイ文化／器高260×胴部径157-190／東京大学総合研究博物館資料部

この壺は口縁部にネコ科動物、おそらくジャガーの像が付いている。チャンカイ文化は織物がきわめて繊細かつ多くの色を使うが、土器は素朴な造形で白とグレーの2色使いが基本である。高温で焼成するあまり胴部が焼成時にゆがんでしまっているが、こういった事例は少なくない。チャンカイ文化の人々にとっては失敗作というわけではなく、捨てずに使用したと考えられる。

Olla con diseño pintado y *figurina* felina

Kaki (regióno de Lima, Perú) / Cultura Chancay, Periodo de Estados Regionales / 260 de alto x 157-190 de diámetro de cuerpo / UMUT

Esta olla adopta una pequeña *figurina* felina que podría ser un jaguar. Mientras que los tejidos chancay son muy finos y polícromos, sus cerámicas son muy simples y básicamente bicromas: blanco y gris. Aunque la forma del cuerpo se habría alterado en el proceso de cocción a temperaturas muy altas, se encuentran varios ejemplares similares. Para la gente de la Cultura Chancay no fueron manufacturas inservibles y fueron utilizadas con regularidad.

把手付き彩文尖底壺（アリバロ）

ペルー中央海岸チャンカイ谷／インカ帝国期、インカ文化／器高 190× 胴部径 144（把手含む横幅 180）／東京大学総合研究博物館資料部

形の似たギリシャの土器にちなんで「アリバロ」と呼ばれるこの器形は、インカ帝国期に特有の土器で、噛み砕いたトウモロコシを唾液の酵素で発酵させる口噛み酒チチャの容器である。インカの社会では―もしくはおそらくアンデス文明のほぼ全過程を通じて―食事とチチャを供する饗宴は社会的紐帯を維持するために必要なものであり、各地のインカ遺跡でアリバロが発見されている。展示品は中央海岸チャンカイ谷で出土したとされ、帝都クスコのアリバロを簡略化したような施紋がなされている。アリバロとしては小さい部類で、大きなものは高さ1mを超える。

Aríbalo con diseño pintado

Valle de Chancay, costa central del Perú / Cultura Inca, Periodo del Imperio Inca / 190 de alto x 144 de diámetro de cuerpo y 180 de largo total (incluyendo las asas) / UMUT

Esta forma de vasija denominada "*aríbalo*", aparte de las vasijas griegas de forma semejante, es característico del Imperio Inca. Generalmente, es un recipiente para la chicha, bebida alcohólica de maíz fermentado por masticación. En la sociedad inca, o posiblemente durante casi todo el proceso de Civilización Andina, el festín con comida y chicha era indispensable para mantener la cohesión social y, por consiguiente, en sitios arqueológicos incaicos de varias regiones se encuentran *aríbalos*. La pieza exhibida es del valle de Chancay y adquiere un diseño simplificado del estilo de Cusco, la capital de los Incas. Este es un ejemplar pequeño en tamaño, puesto que piezas más grandes llegan a medir un metro o más.

織物

　水中のほかに凍結や乾燥など、湿度が極端な状態におかれると有機物は腐らず遺存することがある。ペルー北部からチリにかけての海岸砂漠は世界有数の乾燥地域で、エジプトやアメリカ南西部と並び、有機遺物が良好な状態で発掘される。埋葬された死者の衣類や、それをくるむミイラ包みなどの織物は、しばしば往時の色彩をとどめ、高度な技法を現在に伝えている。また内陸部においても冷涼な高地では有機物が保存されていることがある。織物はアンデス考古学を特色づける資料である。

　アンデス文明の産み出した工芸品の中で、とくに繊維製品の登場は早かった。まず植物の靱皮繊維を用いたもじり編みや撚り紐などが北部高地で使用され、やがてペルー綿（海島綿、*Gossypium barbadense*）が漁網の素材として重要になり、形成期早期（紀元前3000–1800年）の北部から中央海岸にかけての遺跡から多量に出土するようになる。またラクダ科家畜アルパカ（*Vicugna pacos*）の起源は紀元前3500–4000年頃の中央高地にあるとされるが、形成期早期にその毛や製品も海岸部に現れる。丈夫で白色以外に茶色などのバリエーションもある綿糸と、保温性が良く染色に適した獣毛糸を主たる素材とし、腰帯機などシンプルな織機を用いて織物が製作されるようになった。優れた織物は財として扱われ、染色や織りの技術、そして装飾要素は高度に洗練されていった。中央アンデスに紀元前1800年ころに土器が導入されたが、すでに織物において、幾何学的にアレンジされた動物の文様などが完成されていた。そのためアンデス最古の土器の装飾は、織物の文様や編み籠の目の形などの影響が見られ、また動物や人物の図像も高度に様式化されている。また宗教的図像の表現がきわめて広い地域で共有され、神殿や土器の装飾に施されたという現象は、軽く運びやすい織物が美術の媒体として広く流通したためであると考えられている。このように織物は、経済、技術、社会、美術、宗教的イデオロギーなど、アンデス文明史のさまざまな側面に関わる重要な資料である。しかし大学での織物の教育研究は盛んではない。むしろこの分野で貢献が大きいのは博物館の研究員・学芸員である。

　古代アンデス織物の収集・研究において天野芳太郎の果たした役割は大きい。天野は精力的に織物を収集し、中には多様な文様・技法のレパートリーを1枚の布に織り込んだ「見本織」など、貴重な発見もあった[65]。そして自身で洗浄や保存処置を工夫し、世界有数のコレクションを天野博物館に作り上げた。土器の素朴さと対照的に、多様な織りや染めの技法を駆使したチャンカイ文化の織物はとくに天野を魅了し、自身もそのモチーフの分類や通時的変化を研究した。泉靖一らが収集した東京

Textiles

　Los materiales orgánicos se logran conservar en circunstancias especiales en cuanto a humedad, ya sea sumergidos en agua, congelados o secos. Desde el norte del Perú hasta el norte de Chile, el desierto costeño es uno de las áreas más secas a nivel mundial, por lo que se pueden descubrir materiales orgánicos al igual que en Egipto y el suroeste de los Estados Unidos. Los vestidos de individuos enterrados y los fardos que cubren sus cuerpos mantienen frecuentemente el color a pesar del tiempo, mostrando su alta calidad tecnológica hasta el presente. A veces bajo tierra se encuentran conservados materiales orgánicos gracias al clima frío de la sierra. Los textiles caracterizan así a la arqueología andina.

　De los artefactos producidos por la antigua Civilización Andina, los textiles aparecieron particularmente temprano. Primero fueron tejidos entrelazados y sogas de fibra vegetal usados en la sierra norte, y posteriormente, el algodón (*Gossypium barbadense*) se convirtió en una importante materia prima para las redes de pesca y hoy se encuentran en gran cantidad entre la costa norte y central en sitios del Periodo Formativo Inicial (3000-1800 a.C.). La sierra central es considerado como el origen de la ganadería de camélidos domesticados como la alpaca (*Vicugna pacos*) alrededor de 4000 o 3500 años a.C., apareciendo su fibra y productos textiles en la costa también para el mismo periodo. El hilo de algodón es fuerte y tiene una variedad de colores, incluyendo el blanco y el marrón. El hilo de fibra de camélido es termoaislante y adecuado para teñir. Utilizando estas dos clases de hilo como materia prima y telares simples (por ejemplo el telar de cintura) como herramienta se comenzó la producción de textiles. Las telas de buena calidad fueron tratadas como bienes. La técnica de teñir, tejer, y decorar con diseños progresó. Cuando apareció la cerámica alrededor del 1800 a.C. en los Andes Centrales, ya los textiles presentaban diseños establecidos como la representación de patrones de animales dispuestos geométricamente. Por ese motivo, las primeras tradiciones de cerámica presentan diseños influenciados por los tejidos y mallas de las canastas, y las representaciones de animales y humanos son altamente estilizadas. La homogeneidad de la iconografía religiosa, expresada en adornos de templos y cerámica a nivel interregional, muestra que el tejido sirvió como medio artístico, distribuyéndose ampliamente gracias a ser ligero y de fácil transporte. Así, el textil es un material arqueológico importante que se relaciona con varios aspectos de la Civilización Andina como son la economía, la tecnología, la sociedad, el arte y la ideología religiosa. Sin embargo, su estudio no es tan desarrollado en las universidades como sí en los museos, donde investigadores y curadores les han dedicado mayor atención.

　En la recolección y estudio de textiles andinos es muy importante el rol de Yoshitaro Amano, quien afanosamente atesoró varios textiles entre los cuales se encuentran piezas importantes como el "muestrario" que presenta un repertorio de motivos y técnicas en una sola tela.[65] Además, elaboró por sí mismo una técnica de lavado y conservación de tejidos, con lo que logró una de las mejores colecciones en el mundo para el Museo Amano. En contraste con la sencillez de la cerámica, los textiles de la Cultura Chancay son sofisticados y hacen pleno uso de una amplia variedad de técnicas de tejido y teñido, lo cual fascinó especialmente a Amano y lo estimuló a estudiar la tipología de sus motivos y cambios diacrónicos. Los textiles del Museo Universitario de la Universidad de Tokio (UMUT) recolectados por Seiichi Izumi y sus colegas, así como los textiles del Museo Latinoamericano de BIZEN

大学総合研究博物館（UMUT）の織物、森下精一による BIZEN 中南米美術館の織物*66 はいずれもチャンカイ文化のものが大多数を占める。チャンカイ谷が首都リマに近く資料を集めやすかったこと、そして何より天野の影響であろう。

日本人が国内外のコレクションから、織り・染めの技法や図像モチーフ、アンデス染織史を研究した事例は複数挙げられる。とくに専門性が高く、刊行物の出ている成果について以下挙げていく。豊雲記念館（旧・小原流芸術参考館）のコレクションの分析に携わった故・中島章子（国立民族学博物館研究員）*67 と鈴木三八子（小原流豊雲美術館研究員ほか）*68 や、天野博物館*69 と天理大学附属天理参考館*70 の資料を分析した角山幸洋（関西大学）が、織りの技法を中心としてそれぞれ論考をまとめている。米国をはじめ様々な国のコレクションに通じた梶谷宣子（メトロポリタン美術館染織保存部）は、アンデス染織史の概略を執筆している*71。遠山記念館のコレクションは山辺寛史（遠山記念館学芸員）らにより研究された*72。また斎藤昌子（共立女子大学）は高速液体クロマトグラフィによって、ペルー国立人類学考古学歴史学博物館のコレクションから、アカネ（*Relbunium sp.*）やコチニールカイガラムシ（*Dactylopius coccus*）などの天然染料の同定を行った。また日本では井上則子（遠山記念館学芸員）とともに遠山記念館のコレクションを分析した*73。UMUT の資料についても分析し、中島章子・幅晴江とともに織組織の観察記載を進めた*74。なお UMUT の資料はさらに沢田麗子・西沢弘恵（UMUT 研究事業協力者）らの観察を加え、UMUT データベース上にて公開し随時情報を更新している*75。

日本人が織物資料を発掘した事例は少ない。とくに東京大学については海岸部であまり調査してこなかったためでもあるが、中央海岸のラス・アルダス遺跡では形成期の織物や漁網などを採集している*76。島田泉（南イリノイ大学）による中央海岸パチャカマック遺跡発掘ではミイラとともにその包み布が多数出土し、その一部はミイラの年代と比較するべく、瀧上舞（日本学術振興会 PD／山形大学）・米田穣（東京大学）らによって放射性炭素年代測定が行われた*77。近年では浅見恵理（国立民族学博物館）が中央海岸サウメ遺跡発掘*78 にてチャンカイ文化の染織品裂を複数発見し、瀬尾有紀（ペルー国立人類・生物多様性・農業・食料博物館）とともに現在分析中である。特殊な例ではクントゥル・ワシ遺跡クントゥル・ワシ期の墓の一つにおいて、副葬品の銅製円盤の表面に木綿布の断片が、銅が浸透した状態でこびりついていた*79。なお針や、糸をつむぐ紡錘車など織物生産に関連する遺物は広く内陸部の遺跡でも採集されている。

recolectados por Seiichi Morishita,*66 corresponden en su gran mayoría a la Cultura Chancay. La cercanía del valle de Chancay a Lima, la capital del Perú, y sobre todo la influencia de Amano, posiblemente contribuyeron a la facilidad de su recolección.

Varios especialistas japoneses han estudiado sobre la técnica de tejido y teñido, los motivos iconográficos y la historia del textil andino a través de colecciones nacionales e internacionales. Aquí presentamos especialmente aquellos estudios muy especializados y cuyos resultados han sido publicados. La difunta Akiko Nakajima (investigadora del Museo Nacional de Etnología,)*67 y Miyako Suzuki (investigadora del Museo Memorial de Houn)*68 estudiaron las colecciones del Museo Memorial de Houn. Yukihiro Tsunoyama (Universidad de Kansai) analizó las colecciones del Museo Amano*69 y del Museo de la Universidad de Tenri Sankokan,*70 resumiendo el debate en cuanto a las técnicas de tejido como aspecto central. Nobuko Kajitani (Departamento de Conservación de Textil del Museo Metropolitano de Arte), quien conoce varias colecciones de Estados Unidos y otros países, redactó la historia del tejido andino.*71 La colección del Museo Memorial de Toyama fue investigado por Hiroshi Yamanobe (curador del Museo Memorial de Toyama) y sus colegas.*72 Masako Saito (Universidad Femenina Kyōritsu) identificó los colorantes naturales rubiaceae (*Relbunium sp.*) y cochinilla (*Dactylopius coccus*) utilizados en textiles atesorados por el Museo Nacional de Antropología, Arqueología e Historia del Perú a través de la cromatografía líquida de alta resolución. Ella también analizó en Japón los colorantes usados en la colección del Museo Memorial de Toyama junto con Noriko Inoue (curadora del Museo Memorial de Toyama)*73 y estudió la colección del UMUT, publicando las descripciones de los textiles con ayuda de Akiko Nakajima y Harue Haba.*74 La observación de piezas del UMUT continua, añadiéndose las observaciones de Reiko Sawada y Hiroe Nishizawa (UMUT), y su base de datos abierta al público en la Internet se actualiza constantemente.*75

Existen pocos descubrimientos de textiles por investigadores japoneses. Esto debido a que la mayoría de proyectos llevados a cabo por la Universidad de Tokio no han sido realizados en la costa, a excepción del sitio arqueológico de Las Haldas en la costa central, donde se pudo recuperar textiles formativos y fragmentos de redes de pesca.*76 Las excavaciones en Pachacamac en la costa central realizadas por Izumi Shimada (Universidad de Southern Illinois) han encontrado varias momias envueltas en fardos, y se realizó la datación por radiocarbono en parte de esos textiles para comparar las fechas entre ellos y las momias por Mai Takigami (Investigadora Asociada a la Sociedad Japonesa para la Promoción de la Ciencia, Universidad de Yamagata) y Minoru Yoneda (Universidad de Tokio).*77 En los últimos años, Eri Azami (Museo Nacional de Etnología) descubrió fragmentos de textiles de la Cultura Chancay en el sitio arqueológico de Saume en la costa central*78 y está analizándolos con Yuki Seo (Museo Nacional de Antropología, Biodiversidad, Agricultura y Alimentación de la UNALM). Existe un caso especial para una tumba de la fase Kuntur Wasi en el sitio de Kuntur Wasi donde se recuperó un disco de cobre cuya superficie tenía adheridos unos fragmentos de tela de algodón preservados por el contacto con el metal.*79 En cuanto a los materiales relacionados a la producción de textil, como agujas y torteros, estos pueden ser recuperados aún en varios sitios ubicados en regiones fuera de la costa.

リマ市、アンコン遺跡博物館を見学し収蔵品を研究する（2014 年）。／©鶴見英成
Investigación de la colección del Museo de sitio de Ancón, Lima (2014). / ©Eisei Tsurumi

抽象鳥文様補緯縫取裂

ペルー中央〜南部海岸／ワリ文化、ワリ期／465 × 495／東京大学総合研究博物館

経糸は木綿、緯糸はラクダ科動物の獣毛。アンデスのラクダ科動物家畜の起源地については、中央アンデスだけでなく南アンデスまで視野に入れて議論が続いている。考古学のデータからは、紀元前4000-3500年ころのペルー中央高地で、アルパカ（*Vicugna pacos*）と似た門歯を持つ種が登場したことなどから、ラクダ科動物の狩猟だけでなく飼育が始まったことが示唆されている。アルパカはビクーニャ（*Lama guanicoe*）の特性を残し、良質の毛が織物に利用された。なお現在のリャマやアルパカが、先スペイン期の家畜とまったく同一であるとは言い切れない。スペインからの征服者はウシやヒツジを持ち込み、その影響でアンデス文明の伝統的なラクダ牧畜の規模や地理的範囲は大きく様変わりしたからである。

Fragmento de paño; trama suplementaria con diseño de aves estilizadas

Costa central o sur del Perú / Cultura Wari, Periodo del Imperio Wari / 465 x 495 / UMUT

La urdimbre es de algodón y la trama de fibra de camélido. En relación con el origen de los camélidos domesticados de los Andes se mantiene un debate que no solo se refiere a los Andes Centrales, sino también a los Andes sureños. Los datos arqueológicos sugieren que habría ocurrido la ganadería, además de la caza de camélidos en la sierra central del Perú, alrededor de 4000 o 3500 años a.C. presentándose varias evidencias que incluyen la aparición de una especie con incisivos similares a la alpaca (*Vicugna pacos*). La alpaca conserva las características de la vicuña (*Lama guanicoe*) y su fibra es adecuada para tejer. Al respecto, los conquistadores introdujeron la res vacuna y lanar, y eso generó cambios de escala para el área geográfica de ganadería tradicional de camélidos en los Andes. Por eso no se debe identificar a las llamas y alpacas contemporáneas con los camélidos criados en época prehispánica.

織房付き人物・鳥・猫科動物・魚文様
綴織裂

ペルー北部〜中央海岸／地方王国期、チムー文化またはチャンカイ文化／875×1010／BIZEN中南米美術館

経糸は木綿、緯糸はラクダ科動物の獣毛である。2枚構成で、上端が切れている。

Fragmento de paño con flecos tejidos; tapiz con diseño de personajes, aves, felinos y peces

Costa norte o central del Perú / Cultura Chimú o Chancay, Periodo de Estados Regionales / 875 x 1010 / Museo Latinoamericano de BIZEN

La urdimbre es de algodón y la trama de fibra de camélido. Consiste de dos paños cosidos y la parte superior está cortada.

玉房・緯縁飾り付き人物・動物抽象文様縫取裂

ペルー北部〜中央海岸／地方王国期、チムー文化またはチャンカイ文化／1120×1040／BIZEN中南米美術館

三日月型の頭飾りを付けた高位の人物が表現されている。経糸・緯糸ともに木綿で、玉房と縫取はラクダ科動物の獣毛糸、縁飾りは木綿糸と獣毛糸である。いくつかの裂から構成されている。

Fragmento de paño con una borla y flecos en dos bordes laterales; trama suplementaria con diseño zoomórfico y de personajes

Costa norte o central del Perú / Cultura Chimú o Chancay, Periodo de Estados Regionales / 1120 x 1040 / Museo Latinoamericano de BIZEN

Representa personajes de alto rango con tocado semilunar. La urdimbre y la trama son de algodón, la trama suplementaria y borla son de fibra de camélido, y los flecos son de algodón y fibra de camélido. Consiste de algunos paños cosidos.

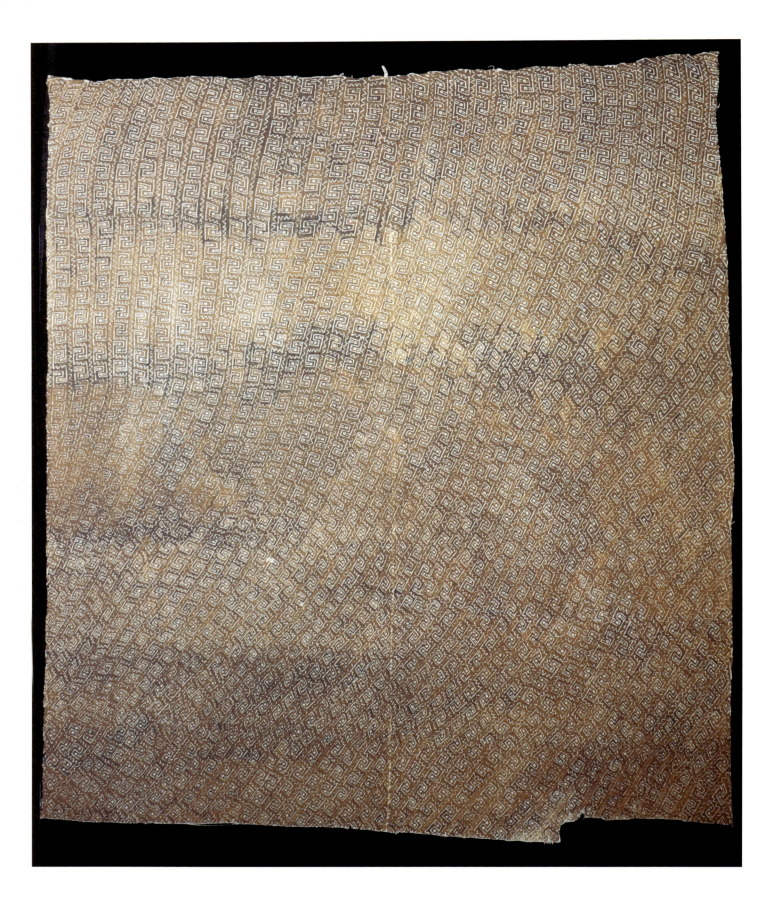

鳥文様描染裂

ペルー中央海岸／地方王国期、チャンカイ文化／
1540×1310 ／ BIZEN 中南米美術館

2枚の木綿の平織を接いでいる。白い地に茶色の染料で描染めを施している。下方が切れている。

Fragmento de paño pintado con diseño de aves

Costa central del Perú / Cultura Chancay, Periodo de Estados Regionales / 1540 x 1310 / Museo Latinoamericano de BIZEN

Consiste de dos telas llanas de algodón. Está pintado con tinte marrón en textura blanca. El extremo inferior está cortado.

無地平織／鳥・幾何学文様緯紋織貫頭衣裂

ペルー中央海岸／地方王国期、チャンカイ文化／650×830／BIZEN 中南米美術館

木綿の平織り2枚から成る貫頭衣で、緯紋織には獣毛を用いている。

Fragmento de *uncu*; tela llana / trama complementaria con diseño geométrico y de aves

Costa central del Perú / Cultura Chancay, Periodo de Estados Regionales / 650 x 830 / Museo Latinoamericano de BIZEN

Es un *uncu* que consiste de dos telas llanas de algodón con trama complementaria de fibra de camélido.

鳥・波文様綴織り房・縁飾り付き動物
抽象縫取裂

ペルー中央海岸／地方王国期、チャンカイ文化／
1480×1110／BIZEN 中南米美術館

三枚の接ぎ合わされた布から構成され、左端に縫
合痕があることから本来はもっと幅があったことが
分かる。経糸は木綿、緯糸は獣毛である。上端は
切れている。

Fragmento de paño; trama suplementaria en la parte principal con diseño zoomórfico, tapiz en el borde y los flecos tejidos con diseño de aves y olas

Costa central del Perú / Cultura Chancay, Periodo de Estados Regionales / 1480 x 1110 / Museo Latinoamericano de BIZEN

Consiste de tres telas cosidas y el lado izquierdo presenta huella de sutura que indica que originalmente tenía un ancho mayor. La urdimbre es de algodón y la trama es de fibra de camélido. El extremo superior está cortado.

獣面・鳥・蛇・幾何学文様風通・平織／無地平織裂

ペルー中央海岸／地方王国期、チャンカイ文化／1200×400／BIZEN中南米美術館

2枚構成である。上方の布は風通と平織からなり、白・茶の2色の木綿を用いている。下方の布は白い木綿の平織である。下端は切れている。

Fragmento de paño; doble tela con el diseño geométrico con felinos, aves y serpientes / tela llana con el algodón blanco y marrón / tela llana

Costa central del Perú / Cultura Chancay, Periodo de Estados Regionales / 1200 x 400 / Museo Latinoamericano de BIZEN

Consiste de dos telas cosidas. La tela de arriba está compuesta de doble tela y una tela llana de algodón blanco y marrón. La parte inferior es de una tela llana de algodón blanco. El extremo inferior está cortado.

糸房付き無地平織／動物抽象・鳥文様緯紋織布

ペルー中央海岸／地方王国期、チャンカイ文化／680×1080／BIZEN 中南米美術館

6枚構成の完形の布である。2枚の平織りは白色の木綿である。緯紋織の2枚と糸房の2枚は経糸が木綿、緯糸が獣毛である。

Paño con flecos; tela llana / trama complementaria con diseño zoomórfico y de aves

Costa central del Perú / Cultura Chancay, Periodo de Estados Regionales / 680 x 1080 / Museo Latinoamericano de BIZEN

Es un paño completo que consiste de seis textiles. Las dos telas llanas son de algodón blanco. Los dos textiles de trama complementaria y los dos de flecos son de algodón (urdimbre) y fibra de camélido (trama).

猫科動物・鳥・波・蛇・幾何学文様経紋織／経縞平織・経浮織裂

ペルー中央海岸／地方王国期、チャンカイ文化／1110×1130／BIZEN中南米美術館

6枚構成で、右端と下端が切れている。経緯とも木綿糸である。

Fragmento de paño; listado en la tela llana cara de urdimbre y flotante / urdimbre complementaria con diseño geométrico y de felinos, aves, olas y serpientes

Costa central del Perú / Cultura Chancay, Periodo de Estados Regionales / 1110 x 1130 / Museo Latinoamericano de BIZEN

Consiste de seis textiles, donde el extremo derecho y el inferior están cortados. La urdimbre y la trama son de algodón.

人物・幾何学文様綴織／動物抽象・波・鳥文様経紋織裂

ペルー中央海岸／地方王国期、チャンカイ文化／1250×860／BIZEN 中南米美術館

綴織を2枚、経紋織を3枚接いで構成されている。経糸は木綿、緯糸は獣毛である。下端が切れている。

Fragmento de paño; tapiz con diseño geométrico y de personajes / urdimbre complementaria con diseño zoomórfico, de olas y aves

Costa central del Perú / Cultura Chancay, Periodo Reino Regional / 1250 x 860 / Museo Latinoamericano de BIZEN

Consiste de dos textiles hechos mediante la técnica de tapiz y tres de urdimbres complementarias. La urdimbre es de algodón y la trama es de fibra de camélido. El extremo inferior está cortado.

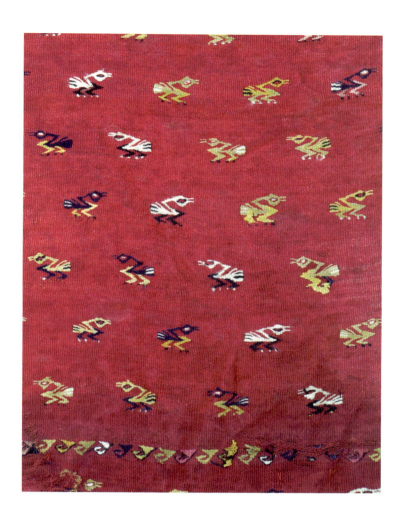

織房付き鳥・波文様綴織裂

ペルー中央海岸／地方王国期、チャンカイ文化／
975×660／BIZEN 中南米美術館

経糸は木綿、緯糸は獣毛である。四方ともに織耳である。先スペイン期のアンデスでは腰帯機・水平機・垂直機などが用いられ、完成した布は四方耳となる。

Fragmento de paño con flecos tejidos; tapiz con diseño de aves y olas

Costa central del Perú / Cultura Chancay, Periodo Reino Regional / 975 x 660 / Museo Latinoamericano de BIZEN

La urdimbre es de algodón y la trama es de fibra de camélido. Presenta cuatro bordes. En tiempos prehispánicos se utilizó el telar de cintura, horizontal o vertical que da como resultado paños con cuatro bordes.

日本人による考古学調査

鶴見英成

　本展の展示品は中央アンデスの様々な地域・時代の古代文化が産みだした工芸品である。それらに関係する、日本人による主要な考古学調査について簡単に紹介する。

◆形成期早期（古期末期）

　コトシュ発掘から半世紀以上の間に、先土器神殿の研究状況は大きく変化した。多くの事例が発見・発掘され、また神殿や社会・経済に関する理論研究が進んだのである。編年指標となる土器を欠くという足枷はあるが、新たな視点から文明の起源の研究にとり組む機運が生まれた。海岸砂漠の環境下で大量の有機遺物が出土するワカ・プルパール遺跡では、広田健（広島大学）が文明を支えた生業の実態解明をテーマに発掘をした（2006-2007）[80]。また神殿更新の原点、すなわち無から神殿が生じる現象を解明すべく、鶴見英成（東京大学）はカハマルカ県のへケテペケ川流域でもっとも古い神殿を求め、モスキート遺跡を発見し発掘を重ねている（2009-2014）。ワカロマ遺跡やクントゥル・ワシ遺跡など、当該地域での編年と神殿建築の厚い研究蓄積に立脚した展開と言えよう。なおリマ県チャンカイ谷では、天野博物館の研究員でありクントゥル・ワシの発掘に長年にわたり貢献したワルテル・トッソが、ラス・シクラス遺跡を発掘した（2006-2008）[81]。紀元前約3000年に始まる、アンデス文明でも最古級の神殿のひとつである。2009年以降は地方行政との連携によるプロジェクトとして継続中である。

◆形成期（前期・中期・後期・末期）

　コトシュで大きな成果を挙げた後、故・泉靖一（東京大学）はさらなる研究の発展のために若手団員を3方面に分散させた。1969年、故・狩野千秋（東京大学）はワヌコ市にてもうひとつの大規模神殿、シヤコトを発掘した[82]。松沢亜生（笠懸野岩宿文化資料館）は海岸部へ下り、巨大な神殿遺跡ラス・アルダスを発掘した[83]。大貫良夫と藤井龍彦（国立民族学博物館）は山地を北上し、ラ・パンパ遺跡を発見して試掘を実施した[84]。その直後に泉を失った調査団は故・寺田和夫のもとラ・パンパ遺跡第2次調査（1975）を実施する[85]。しかしコトシュのような途切れのない長い編年シークエンスは見いだされなかったため、寺田は調査地の変更を検討した。選ばれたのはかねてから大貫らが視察を重ねていたカハマルカ盆地の、コトシュに匹敵する成果が見込まれるワカロマ遺跡[86]である。以来、日本調査団によるカハマルカ県の研究は今日まで続く。ワカロマやライソン、セロブランコ[87]などカハマルカ盆地とその周辺の遺跡群（1979

Investigaciones arqueológicas por japoneses

Eisei Tsurumi

　Las obras expuestas en esta exhibición son artefactos producidos por culturas antiguas de varias regiones y épocas en los Andes Centrales. En relación a estas obras presentamos brevemente las principales investigaciones arqueológicas realizadas por japoneses.

El Periodo Formativo Inicial (El Periodo Arcaico Tardío)

　Luego de más de medio siglo desde la excavación de Kotosh, la situación del estudio sobre los centros ceremoniales precerámicos ha cambiado bastante. Se han descubierto y excavado muchos ejemplos, y los estudios teóricos sobre el templo, la sociedad y la economía han avanzado. Aunque existe la desventaja de la falta de cerámica como índice cronológico, han surgido nuevas tendencias para realizar el estudio del origen de civilización desde otro punto de vista. En Huaca Pulpar, donde se excavó una gran cantidad de restos orgánicos conservados en el medio ambiente del desierto costeño, Ken Hirota (Universidad de Hiroshima) realizó sus estudios centrándose en el tema de subsistencia que apoyó la civilización (2006-2007).[80] Para aclarar el inicio del proceso de la renovación del centro ceremonial, (es decir, el fenómeno en el cual un templo surge desde cero) Eisei Tsurumi (Universidad de Tokio) buscó el templo más antiguo en las cuentas del Río Jequetepeque en la región de Cajamarca, descubriendo el sitio arqueológico de Mosquito y excavándolo en repetidas ocasiones (2009-2014). Estas investigaciones se desarrollan sobre la base de la acumulación de estudios detallados sobre la cronología y la arquitectura en templos de esta región, como Huacaloma, Kuntur Wasi, etc. En el valle de Chancay en la región de Lima, Walter Tosso, investigador del Museo Amano que además contribuyó a la excavación de Kuntur Wasi por muchos años, excavó el sitio arqueológico Las Shicras (2006-2008).[81] Este es uno de los templos más antiguos de la Civilización Andina construido alrededor del 3000 a.C. Desde el año 2009 continúa su proyecto en cooperación con la administración regional.

El Periodo Formativo (Temprano, Medio, Tardío, y Final)

　Después de obtener excelentes resultados en Kotosh, el difunto Seiichi Izumi dispersó a los jóvenes de su equipo investigador en tres direcciones. En 1969, el difunto Chiaki Kano (Universidad de Tokio) excavó el sitio de Shillacoto, otro templo de gran escala en la ciudad de Huánuco.[82] Tsugio Matsuzawa (Iwajuku Museum) bajó a la costa y excavó el sitio de Las Haldas que contenía un gran templo.[83] Yoshio Onuki y Tatsuhiko Fujii (Museo Nacional de Etnología) se dirigieron a la sierra hacia el norte descubriendo el sitio La Pampa y donde realizaron prospecciones.[84] Inmediatamente después el equipo investigador de Japón perdió a Izumi y realizó la segunda temporada de investigaciones en La Pampa (1975) bajo la dirección del difunto Kazuo Terada.[85] Sin embargo, no se encontró una larga secuencia cronológica como Kotosh por lo que Terada consideró cambiar de lugar la investigación. Fue elegida así la cuenca de Cajamarca, donde Onuki y otros habían realizado varias inspecciones anteriores, y el sitio de Huacaloma una expectativa similar a Kotosh.[86] Desde entonces, el estudio de la región de Cajamarca por el equipo investigador de Japón ha continuado hasta la fecha. Los resultados obtenidos de sitios en la cuenca de Cajamarca y su contorno, —como Huacaloma, Layzón y Cerro Blanco[87](1979-1989) entre otros— y los de Kuntur Wasi —donde Onuki ha investigado (1988-2002)— han sido referidos en el presente texto. Acumulando información, cobró fuerza la tendencia

−1989)での成果、寺田の没後に大貫が開始したクントゥル・ワシ（1988−2002）の成果は本文で触れた通りである。研究の蓄積とともに再び調査範囲を広げ、研究成果を検証するという機運が高まり、関雄二がラ・ボンバ遺跡（1993）を、井口欣也がマイチル遺跡（1996）年 *88 をそれぞれ小規模に発掘した。1990年代末、大貫から調査団の牽引を引き継いだ加藤泰建は本格的に調査地を拡張する方針をとり、1998-99年に坂井正人・鶴見英成らを海岸踏査に向かわせた *89。その結果として坂井はヘケテペケ川下流域リモンカルロ遺跡とその周辺踏査（2000-2005）*90、鶴見は中流域ラス・ワカス遺跡とレチューサス遺跡（2003-2011）*91 という形成期神殿にとり組み、カハマルカ盆地からヘケテペケ川にかけての一帯の社会変化が詳細に明らかになった。なお2002年にクントゥル・ワシの発掘は終了したが、膨大な出土遺物の分析は続き、2006年の報告書出版をもって一区切りとなった *92。しかし井口はさらなるデータの拡充と検討を図り、現在新たな調査計画を展開中である（2012-2013）。

コトシュ以来の大規模で学際的な神殿遺跡発掘は、関雄二の2ヶ国共同調査団がカハマルカ県の北部のパコパンパ遺跡で展開中である（2005-2014）。文明の形成過程というテーマに対し、神殿遺跡を対象として、とくに「権力の生成と変容」に着眼した理論的なアプローチを取っている *93。また山本睦（山形大学）はパコパンパの調査と連携して、その周辺に位置するインガタンボ遺跡を発掘し（2006-2011）、エクアドル国境方面まで視野に入れて交通網を手がかりに社会変化を説明しようとしている *94。

またカハマルカ県での研究成果と経験をふまえ、さらに広範囲に形成期研究を推し進める動きも生じた。井口・鶴見・松本雄一（山形大学）らはコトシュのあるワヌコ盆地に戻り、形成期遺跡の踏査を重ね、サハラパタク遺跡とピキミナ遺跡を再調査した（2000-2002）*95。芝田幸一郎（神戸市外国語大学）は北中央海岸のネペーニャ谷に焦点を定め、山地との編年の比較を目的に著名な神殿遺跡セロ・ブランコを発掘し、またワカ・パルティーダ遺跡ではジャガーを初めとする巨大な彩色レリーフ群を発見した（2002-2013）*96。松本雄一はイェール大学在籍中に南部高地アヤクチョ県にてカンパナユック・ルミ遺跡を発掘した（2007-2013）。近郊に産する黒曜石に着目して遠隔地交易の実態を研究し、また南部海岸パラカス文化との関係など新たな問題を提起した *97。

これらの研究の共通点を指摘するなら、形成期後期への関心の高さが挙げられる。形成期中期から後期にかけての変化は大きく、社会、経済、イデオロギー、もしくは環境といった多くの側面からその説明が求められている。各自がそれぞれ多様な戦略でその問題にとり組んでいるのである。総じて東京大学古代アンデス文明調査団に由来する考古学者たちはペルー全土に分散したが、形成期研究者の数は上述のように多く、関心を共有している。2014年現在は関を中核として研究会議を重ねており、ゆるやかな連携を維持している。

de extender los lugares de investigación para continuar los estudios y verificar los resultados. Los sitios de La Bamba y Maichil*88 se excavaron a pequeña escala por Yuji Seki (1993) y Kinya Inokuchi (1996) respectivamente. Al final de los años noventa, Yasutake Kato sucedió en la dirección de la Misión a Onuki, tomando como principio el extender los lugares de investigaciones y en los años 1998 y 1999 envió a Masato Sakai, Eisei Tsurumi y otros a explorar la costa norte.*89 Sakai realizó exploraciones en el sitio arqueológico de Limoncarro y sus alrededores en el valle bajo de Jequetepeque (2000-2005).*90 Tsurumi se en los sitios de Las Huacas y Lechuzas, dos templos del Período Formativo en la parte media del mismo valle (2003-2011),*91 aclarando el cambio social en toda la región de la cuenca de Cajamarca al valle de Jequetepeque. La excavación en Kuntur Wasi se terminó en el año 2002, continuándose con el análisis de una gran cantidad de materiales recuperados y terminando con la publicación del informe en el año 2006.*92 Inokuchi planea la expansión y examen de sus datos de manera más detallada y ahora está desarrollando un nuevo proyecto de investigación en Kuntur Wasi (2012-2013).

La investigación interdisciplinaria y a gran escala en los centros ceremoniales, una corriente de investigación que viene desde las excavaciones en Kotosh, está siendo desarrollada por el equipo conjunto de investigadores de dos países bajo Yuji Seki en el sitio de Pacopampa al norte de la región de Cajamarca (2005-2014). Seki ha tomado una aproximación teórica en cuanto a los templos sobre todo en relación a la "formación y cambio de poder" en el proceso de la formación de la civilización.*93 En colaboración con la investigación de Pacopampa, Atsushi Yamamoto (Universidad de Yamagata) excavó en Ingatambo (2006-2011), un sitio ubicado en una región cercana a Pacopampa, intentando explicar el cambio social tomando como base las rutas interregionales en una amplia área que incluye la frontera con Ecuador.*94

Sobre la base de los resultados y la experiencia en la región de Cajamarca, también se dio un movimiento para impulsar un estudio más amplio del Período Formativo. Inokuchi, Tsurumi y Matsumoto (Universidad de Yamagata) volvieron a la cuenca de Huánuco donde está ubicado Kotosh para prospectar los sitios del Periodo Formativo y excavaron los sitios de Sajarapatac y Piquimina nuevamente (2000-2002).*95 Koichiro Shibata (Universidad de Estudios Extranjeros de la Ciudad de Kobe) se enfocó en el valle de Nepeña, en la costa norcentral, y excavó un templo en el sitio de Cerro Blanco para realizar comparaciones con la cronología de la sierra. En Huaca Partida, Shibata descubrió varios grandes altorrelieves de jaguares y otros motivos pintados con varios colores (2007-2013).*96 Yuichi Matsumoto excavó Campanayuq Rumi en la sierra sur, en la región de Ayacucho, mientras realizaba su posgrado en la Universidad de Yale (2007-2013). Matsumoto estudió concretamente el intercambio a larga distancia, especialmente de productos de obsidiana cuya cantera se encuentra en la vecindad del sitio. También planteó nuevos problemas, como la relación con la Cultura Paracas de la costa sur.*97

Un punto en común que se puede mencionar de estos estudios es que a los investigadores les interesa mucho el Período Formativo Tardío. El cambio desde el Formativo Medio hasta el Tardío es notable y se requiere una explicación de muchos aspectos como su sociedad, economía, ideología y medio ambiente. Para resolver este problema, cada uno se centra en estrategias variadas. Si bien en general los arqueólogos que tienen su origen en la Misión Arqueológica de la Universidad de Tokio se dispersaron por todo el Perú, el número de investigadores que se dedica en el tema del Periodo Formativo es numeroso y comparten un interés común,

◆モチェ文化

地方発展期のペルー北部海岸に、モチェ遺跡を首都として発達した国家と考えられてきたが、80年代末にさらに北方のレケ谷で大量の貴金属製品を伴う「シパン王墓」が発見された。これが研究の転換点となり、現在では美術様式を共有する複数の地域的政体があったという意見が強い。社会の階層化の発達や軍事力の証拠が見られるため、アンデス文明における王権の発生というテーマにおいて重要な研究対象である。また土器や壁画などは具象的な図像表現を特徴としており、そこから彼らの生活習慣・社会組織・世界観など、多様な側面が洞察される。日本人によるフィールドワークとしては島田泉（南イリノイ大学）によるモチェ終末期の都市遺跡パンパ・グランデの発掘がある *98。

◆ビクス文化

地方発展期の文化で、ペルー極北海岸、ピウラ川流域で特徴的な美術様式を持っていたことで知られる。同時に土器や貴金属製品など、モチェ文化の精巧な工芸品が出土することが注目される。エクアドル方面から貝や珊瑚などを搬入していたモチェの政体が、中間に位置するビクスの社会を重視していたことの証左かもしれない。考古学調査は少なく、日本人による調査事例はない。

◆レクワイ文化

地方発展期にペルー北中央高地、カイェホン・デ・ワイラス盆地一帯にかけて展開した。白いカオリンを胎土とした、ネガティブ（防染）技法の土器が知られる。松本亮三・横山玲子ら東海大学の調査団によるヤンガヌーコ遺跡発掘（2002-2004）は、地方王国期の活動を主眼においた調査であったが、レクワイ文化の遺物も確認している *99。

◆ナスカ文化

ペルー南部海岸の地方発展期の文化。多彩色の土器を作成したほか、ミイラおよびその衣類の発見例の多さ、そして「ナスカの地上絵」で名高い。山形大学の坂井正人・松本雄一・山本睦らが学際的な研究を展開している（2004-2014）。人工衛星画像の解析、測量および土器・遺物の表面採集によって広大な地上絵分布範囲を調査し、地上絵の大多数を占める直線群の空間的パターンと編年を解明すると共に、新たな図像も複数発見している *100。2012年に研究拠点としてナスカ市内に山形大学人文学部附属ナスカ研究所が創設された。

◆ティワナク文化

ティワナク文化の遺跡はボリビアとペルー南部、チリ北部、アルゼンチン北西部に分布する。とくにティティカカ盆地に稠密に遺跡が分布し、ボリビア側のティワナク遺跡が標識遺跡とされる。美術様式においてペルー

como se describe líneas arriba. En el año 2014, actualmente, se mantiene una cooperación moderada mediante la realización de reuniones de estudio por iniciativa de Seki.

La Cultura Moche

Fue considerada un estado cuya capital se localizaba en el sitio arqueológico de Moche en la costa norte del Perú durante el periodo de Desarrollos Regionales. Sin embargo, a fines de la década de 1980, el descubrimiento de la "Tumba Real de Sipán" en el valle de Reque —una región más al Norte— causó un gran cambio en la corriente de las investigaciones. Actualmente varios investigadores consideran que existieron varios estados locales que compartían un mismo estilo artístico. Para mostrar la segmentación de las clases sociales y las actividades militares, es importante el tema de investigación sobre la aparición de la realeza en la Civilización Andina. Además, como la cerámica y la pintura mural tienen como característica representaciones concretas, es posible estudiar varios aspectos culturales como las costumbres, la organización social y la cosmología. Entre los arqueólogos japoneses, Izumi Shimada (Universidad de Southern Illinois) excavó el sitio Pampa Grande, una ciudad mochica en el último periodo de esta cultura.*98

La Cultura Vicús

En el Periodo de Desarrollos Regionales se desarrolló esta cultura en el valle de Piura, costa del extremo norte del Perú, la cual es conocida por su característico estilo artístico. En el mismo momento se han encontrado asociadas varias piezas de cerámica y metal del Estilo Moche. Una hipótesis plausible es que los grupos políticos de la Cultura Moche dieron importancia a la sociedad Vicús porque se ubicaban en una zona intermedia en la ruta de intercambio de conchas y corales con la zona ecuatoriana. Hay pocos proyectos arqueológicos sobre esta cultura y no hay investigaciones realizadas por los japoneses.

La Cultura Recuay

En el Periodo de Desarrollos Regionales se desarrolló esta cultura en la sierra norcentral del Perú, en la cuenca de Callejón de Huaylas. Es conocida por su cerámica con pasta blanca de caolín y técnica negativa. Ryozo Matsumoto, Reiko Yokoyama y Teruaki Yoshida de la Expedición Científica al Nuevo Mundo de la Universidad de Tokai, al excavar en el complejo arqueológico de Llanganuco (2002-2004) con el objetivo de estudiar sobre el Periodo de Estados Regionales, descubrieron materiales de la Cultura Recuay también.*99

La Cultura Nasca

Es una cultura del Periodo de Desarrollos Regionales que floreció en la costa sur del Perú. Es famosa por su cerámica policroma, textiles, y sobre todo por sus geoglifos llamados las "Líneas de Nasca". En la Universidad de Yamagata, Masato Sakai, Yuichi Matsumoto, Atsushi Yamamoto y sus colegas están llevando a cabo estudios interdisciplinarios sobre las líneas (2004-2014). Ellos investigan la extensa área con geoglifos mediante el análisis de imágenes satelitales, levantamiento topográfico y recolección superficial de cerámica y otros objetos. Han logrado determinar el patrón espacial y posición cronológica de las líneas rectas que ocupan la gran mayoría de los geoglifos y también encontraron nuevos geoglifos iconográficos.*100 En el año 2012 se inauguró el centro de investigación llamado "Instituto Nasca de la Universidad de Yamagata" en la ciudad de Nasca.

側のワリと共通性が見られ、両者の関係が議論の焦点となってきた。編年上ティワナク文化は紀元前 200–1150 年と長く、日本のティワナク研究者はとくにその成立過程について研究している。ペルー側ではプーノ県で佐藤吉文（国立民族学博物館）が地域の歴史を解明することを目的にパレルモ遺跡を発掘し、形成期に居住が始まったことを示した（2006–2008）*[101]。ボリビア側ではティワナク遺跡との相互関係を考察すべく、その近郊で中嶋直樹（滋賀県立大学）が公共建築カリャマルカ遺跡と住居址カンタパ遺跡を発掘している（2006–2013）*[102]。カハマルカ県のパレドーネス遺跡で渡部森哉（南山大学）が発掘した墳墓群から、ティワナク文化の特徴を持つケーロが複数出土し、北部ペルーにおけるティワナク文化のあり方という新たな問題を提起した*[103]。

◆ワリ文化

ペルー南部高地アヤクチョ県の大遺跡ワリを中心として展開した国家と考えられている。ペルーの編年において 600–900 年頃をワリ（帝国）期と呼ぶが、ワリ文化の特徴である多彩色土器などの美術や、多数の部屋から成る大規模建築などが、ペルーのきわめて広範囲に分布する。土井正樹（日本学術振興会 PD／山形大学）は、従来のワリ研究が大規模遺跡のデータを中心に進められてきたのに対し、ワリ遺跡の至近にあるワンカ・ハサ、タンタ・オルホ、クルス・パタという小規模な遺跡群を発掘し（2002–2003）新たな国家形成モデルを検討している*[104]。一方、ペルー北部山地カハマルカ県にて発掘を重ねてきた渡部森哉（南山大学）はカハマルカ市近郊で、現時点で最北端となるワリの行政センター、大遺跡エル・パラシオを見いだし発掘した（2008–2012）*[105]。ワリ社会はのちのインカ帝国と似ているという仮説があるが、地方支配の実態の解明によってそれを具体的に検証しようとしている。

◆シカン文化

ペルー北部海岸の北部、ランバイエケ県の地方王国期文化は、黒色土器や黄金製品などからチムー文化と同一視されていたが、明瞭に区別すべく島田泉（南イリノイ大学）がシカン文化と命名した。本文ですでに触れたとおり島田がとくに研究対象としたのは、ラ・レチェ川下流域で宗教都市シカン遺跡を中心に発展した中期シカン文化で、学際的研究により社会構造、経済、宗教、環境、技術といった多くの側面を解明してきた*[106]。近年では松本剛（南イリノイ大学）が死者全般でなく「祖先」を論点とし、シカン遺跡において祖先崇拝が行われていたこと、社会的紐帯を高める役割があったことを考古学データの分析に依拠して論じている。36 年間（1978–2014）におよぶ研究プロジェクトの成果は、フェレニャフェ市街に 2001 年に創設された国立シカン博物館に展示されている*[107]。なお島田は宗教都市の間で比較研究をするため、中央海岸の神殿遺跡パチャカマックにて発掘を実施している（2003–2005）。東海

La Cultura Tiwanaku

Los asentamientos de la Cultura Tiwanaku se distribuyen en Bolivia, el sur de Perú, el norte de Chile y el noroeste de Argentina. Se concentran asentamientos especialmente en la cuenca del Lago Titicaca y en el lado de Bolivia, el sitio arqueológico de Tiwanaku es considerado como el sitio modelo. Su estilo artístico presenta similitud con la Cultura Wari de Perú y la relación entre ellas ha sido tema de discusión. La Cultura Tiwanaku ocupa un largo periodo desde el 200 a.C. al 1150 d.C., y los investigadores japoneses se han enfocado especialmente en su proceso de formación. En la región de Puno en Perú, Yoshifumi Sato (Museo Nacional de Etnología) ha excavado el sitio arqueológico de Palermo para aclarar la historia local de la cuenca del Lago Titicaca y ha demostrado que el inicio del asentamiento corresponde al Periodo Formativo (2006-2008).*[101] En Bolivia, Naoki Nakajima (Universidad Prefectural de Shiga) excavó la arquitectura pública de Callamarca y una zona residencial en Cantapa, ambos sitios ubicados cerca al sitio de Tiwanaku, para observar la interacción mutua (2006-2008).*[102] De los entierros hallados en Paredones, en la region de Cajamarca, Shinya Watanabe (Universidad Nanzan) recuperó queros con el característico estilo Tiwanaku, lo cual planteo un nuevo problema de cómo ésta cultura interactuó con el norte del Perú.*[103]

La Cultura Wari

Se considera que el estado Wari tuvo su centro en el gran sitio arqueológico Huari en la región de Ayacucho, sierra sur del Perú. En la cronología andina, la época entre los años 600 y 900 d.C. se denomina el Periodo del Imperio Wari porque varios artefactos característicos de la Cultura Wari, que incluyen cerámica policroma y estructuras con varios recintos cuadrangulares, se encuentran ampliamente distribuidos en el territorio peruano. El proceso de formación del estado de Wari ha sido principalmente investigado enfocándose en asentamientos grandes. Sin embargo, Masaki Doi (Investigador Asociado a la Sociedad Japonesa para la Promoción de la Ciencia, Universidad de Yamagata) excavó en los sitios arqueológicos Huanca Qasa, Tanta Orqo y Cruz Pata, los cuales son unos asentamientos pequeños cerca al sitio Huari (2002-2003), proponiendo un nuevo modelo sobre el proceso de formación del estado.*[104] Mientras tanto Shinya Watanabe (Universidad Nanzan), quien ha realizado repetidas excavaciones en varias partes de la región de Cajamarca en la sierra norte del Perú, logró descubrir y excavar (2008-2012) el sitio El Palacio en los alrededores de la ciudad de Cajamarca.*[105] Este sitio es un gran centro administrativo Wari ubicado en el extremo norte del área de distribución de dicha cultura. Watanabe está intentado responder concretamente la hipótesis de que la sociedad de Wari era un imperio similar al Inca mediante el estudio de la situación real de su dominio a nivel regional.

Cultura Sicán

Antiguamente se consideraba a esta cultura de la región de Lambayeque, costa norte del Perú, como idéntica a la Cultura Chimú debido a su cerámica negra y objetos preciosos de metal, siendo luego denominada como la Cultura Sicán por Izumi Shimada (Universidad de Southern Illinois) para distinguirlas claramente. Como se ha comentado anteriormente, Shimada enfocó sus estudios en la Cultura Sicán Medio que se desarrolló en el valle bajo del Río La Leche y cuya capital religiosa habría sido el Complejo Arqueológico Sicán. Se ha podido aclarado varios aspectos de dicha cultura, como su organización social, economía, religión, medio ambiente y tecnología.*[106] Recientemente Go Matsumoto

大学の松本亮三・横山玲子はレケ川（チャンカイ川）のカンパメント・デ・パレドーネス遺跡を試掘し（1990-1991）、後に東海大学新大陸学術調査団を組織して発掘調査を実施した（1996-1997）*108。シカン文化やチムー文化の居住が確認され、冶金を含む工芸品生産がその経済的基盤であったとの見通しを示した。また北部海岸への黄金の供給元としてアンカシュ県の山地に着目し、吉田晃章も加わって、ヤンガヌーコ遺跡、パタパタ遺跡、ケウシュ遺跡を発掘した（2002-2006）*109。

◆チムー文化

地方王国期に後期シカン文化を征服して北部～北中央海岸にかけて発展し、のちにインカ帝国に征服された。シカン文化の技術を引き継ぎ、黒色土器や貴金属製品を多く生産した。首都チャンチャンは広大な街区の中に、王墓や広場など多くの建造物が一体となり高い壁で囲まれた「シウダデーラ」が10基密集している。これが伝説上の王の数と一致するため、一人の王につき一つのシウダデーラが築かれたと考えられている。坂井正人（山形大学）はチャンチャン遺跡における神殿や王墓の立地、また山や天体の眺望などを分析し、チムーの「王朝史」の情報が都市の空間構造に統御されていると論じた*110。東海大学の松本亮三・横山玲子は北部海岸北部のカンパメント・デ・パレドーネス遺跡で（1990-1997）*111、さらに北方では山本睦（山形大学）がインガタンボ遺跡でチムーの居住を確認している*112。鶴見英成（東京大学）がラス・ワカス遺跡などで示したとおり、ヘケテペケ川の中流域にはチムーの遺跡が分布するが、渡部森哉（南山大学）はその南岸、標高3000m以上の山の頂上から山腹を覆う大遺跡タンタリカを発掘し、チムー文化によって創始されたことを解明した（1999-2004）*113。

◆チャンカイ文化

地方王国期の中央海岸チャンカイ谷を中心に展開した地域文化である。既述のとおり、もともと考古学者の間でもペルー社会一般においても関心が低かったが、天野芳太郎がビジネスのかたわらチャンカイ谷に通い、そのコレクションが広く知られるようになって注目を集めた。色数が少なく素朴な土器と、多様な文様・技法・色彩を見せる織物で有名である。今なお研究はあまり活発でないが、最大の規模を持つと言われる都市遺跡ピスキーヨ・チコ遺跡において、ワルテル・トッソ（天野博物館）が形成期早期のラス・シクラス遺跡の発掘と並行して部分的に発掘した（2008）。また浅見恵理（国立民族学博物館）はサウメ遺跡を発掘し（2009）、基壇上における饗宴や、部屋状構造における織物・銅製品製作など、様々な活動と関係するとみられる考古学的証拠があると報告している*114。

(Universidad de Southern Illinois) presentó una discusión sobre la base de análisis de materiales arqueológicos enfocada en "ancestros" a diferencia de otros individuos enterrados, donde la ceremonia de veneración ancestral se habría celebrado en el Complejo Arqueológico Sicán, consolidando la sociedad. Los resultados de este proyecto con más de 36 años (1978-2014) están expuestos en el Museo Nacional Sicán inaugurado el año 2001 en Ferrañafe.*107 Shimada también excavó en el centro ceremonial de Pachacamac de la costa central (2003-2005) para realizar una comparación entre ciudades religiosas. Ryozo Matsumoto y Reiko Yokoyama de la Universidad de Tokai realizaron excavaciones a pequeña escala en el sitio Campamento de Paredones del valle de Reque-Chancay (1990-1991) y posteriormente excavaciones más intensivas bajo el nombre de la Expedición Científica al Nuevo Mundo de la Universidad de Tokai (1996-1997).*108 Han logrado confirmar asentamientos de la Cultura Sicán y Chimú en esta zona, y han presentado una hipótesis en la cual la base económica de estos sitios sería fabricación de artefactos, incluyendo el metal. Posteriormente se enfocaron en la sierra de la región de Ancash como la fuente del oro utilizado en la costa norte, excavando los sitios de Llanganuco, Patapata y Queushu con Teruaki Yoshida, un nuevo miembro (2002-2006).*109

La Cultura Chimú

Se desarrolló en la costa norte y central del Perú, conquistando a la Cultura Sicán Tardío en el Periodo de Estados Regionales, siendo posteriormente conquistada por el Imperio Inca. Heredó la tecnología Sicán de fabricación de cerámica negra y objetos preciosos de metal. Chan Chan, su capital, está compuesta de diez ciudadelas que incluyen a su vez varios edificios, como tumbas reales y plazas, y están rodeados por paredes altas en medio de una inmensa zona residencial. Se cree que cada ciudadela fue construida para un rey debido a que su número corresponde al número de reyes leyendarios Chimú. Masato Sakai (Universidad de Yamagata) analizó la ubicación de los templos y las tumbas reales en relación a su vista hacia los cerros y los astros, presentando una discusión sobre el control de la información sobre la historia dinástica del Reino Chimú mediante la organización espacial del paisaje en la ciudad.*110 Se descubrieron ocupaciones Chimú en el sitio de Campamento de Paredones (1990-1997)*111 en la region de Lambayeque por Ryozo Matsumoto (Universidad de Tokai) y Reiko Yokoyama (Universidad de Tokai), y también más al norte por Atsushi Yamamoto (Universidad de Yamagata) en el sitio de Ingatambo (2007-2011).*112 Eisei Tsurumi (Universidad de Tokio) ha demostrado también que se encuentran sitios Chimú en el sitio de Las Huacas y otros sitios colindantes en el valle medio de Jequetepeque (2003-2014). En la margen sur de este valle, Shinya Watanabe (Universidad Nanzan) excavó en Tantarica, un sitio monumental que ocupa la cima y ladera de un cerro que alcanza más de 3000m, demostrando que el sitio fue fundado por la Cultura Chimú (1999-2004).*113

La Cultura Chancay

Es una cultura local que se desarrolló durante el Periodo de Estados Regionales en el valle de Chancay, en la costa central del Perú. Como se mencionó anteriormente, esta cultura originalmente no suscitó mucho interés entre los arqueólogos ni el público general, pero gracias a Yoshitaro Amano, quien visitaba el valle de Chancay en su tiempo libre entre negocios, se logró reunir una colección muy conocida que motivó el interés general. Esta cultura es conocida no solo por su cerámica de corte sencillo y poca variedad de color, sino

◆インカ文化

　アンデス文明の編年においてインカ帝国期と呼ばれる時期に、ペルーのクスコを首都とする国家が、軍事的にまた経済的に周辺社会の征服を繰り返していた。その結果彼らは、自身がスペイン人に征服された1532年の時点で、海岸部ではエクアドルからチリ中部まで、山地ではコロンビア南部からアルゼンチン北西部にかけて、そしてアンデス東斜面の一部を含むきわめて広い範囲で、各地の地域文化を統合していた。この国家はタワンティンスーユと自称したが、後に王の称号をとってインカ帝国という名で知られるようになる。日本人によるペルーでの発掘の中で、インカ研究を主目的とした例としては、明治学院大学の熊井茂行と德江佐和子による、首都クスコに近いウルピカンチャ遺跡の調査がある（2005-2006）。文書記録からインカ帝国終末期の王の私有地のひとつと見られてきたが、沐浴場などの考古学的証拠はその仮説と合致する*115。また坂井正人（山形大学）もクスコ県で研究をしている。征服後に建てられた新しい都であるビルカバンバ遺跡を測量し、また首都クスコの景観を分析して、新旧二つのインカ都市の空間構造を比較した（2005-2006）*116。渡部森哉（南山大学）によるカハマルカ県のタンタリカ遺跡発掘ではチムーの建築がインカ帝国期に再利用されていることが確認された（1999-2004）*117。なおカハマルカ市街近くのバーニョス・デル・インカ遺跡は、「インカの温泉」の名の通りインカ王の保養地と考えられてきたが、渡部の発掘により地方発展期の祭祀建築であると判明した（2001-2002）*118。ペルーではこのほか、山本睦（山形大学）の発掘したインガタンボ遺跡（2006-2011）*119、寺田和夫（東京大学）らのラ・パンパ遺跡（1969-1974）*120、佐藤吉文（国立民族学博物館）のパレルモ遺跡（2006-2008）*121などで、主として表層からインカ期の遺物や遺構が発見されている。またエクアドルでは大平秀一（東海大学）が（ミラドール・デ・）ムユプンゴ遺跡、ソレダー遺跡などの発掘と一帯の綿密な踏査を重ね（1995-2013）1998年より森下壽典（東海大学）もそれに加わった。インカ帝国期から植民地期にかけて大規模な戦闘があったとの仮説を提示し、考古学的に検証を重ねている。また民族誌調査も行い、多面的にこの地域の歴史・文化を研究している*122。

La Cultura Inca

　En periodo denominado del Imperio Inca en el sistema cronológico de la Civilización Andina, un estado cuya capital se habría situado en Cusco había conquistado sucesivamente las sociedades a sus alrededor, sometiéndolas militar y económicamente. Por lo tanto, en el año 1532, cuando esta sociedad fue conquistada a su vez por los españoles, estaba conformada por varias culturas regionales en una zona muy extensa, desde Ecuador hasta la parte central de Chile para la costa, de la parte sur de Colombia hasta el noroeste de Argentina en la sierra, y una parte de la selva. Este estado fue llamado Tahuantinsuyo, sin embargo, posteriormente comenzó a ser conocido como el "Imperio Inca" según el título de su gobernante. La investigación por Shigeyuki Kumai y Sawako Tokue de la Universidad de Meiji-gakuin en Urpicancha, un sitio arqueológico ubicado cerca de la capital Cusco, es un ejemplo de un proyecto de excavación en el Perú que se enfocó principalmente en el estudio de los incas (2005-2006). Este sitio fue considerado como una de las residencias imperiales pues según crónicas y evidencias arqueológicas (como el baño) se sostendría esta hipótesis.*115 Masato Sakai (Universidad de Yamagata) también investigó en la región de Cusco. A través del levantamiento topográfico en Vilcabamba —una ciudad construida después de la conquista— y el análisis del paisaje en Cusco, logró comparar la organización espacial incaica entre la ciudad antigua y la ciudad nueva (2005-2006).*116 En Tantarica, región de Cajamarca, Shinya Watanabe (Universidad de Nanzan) confirmó que los edificios de la Cultura Chimú fueron reutilizados en el Periodo del Imperio Inca (1999-2004).*117 Al respecto, el sitio arqueológico de Baños del Inca situado cerca de la ciudad de Cajamarca, era considerado como una estación del gobernante tal como su nombre lo indica, pero la excavación de Watanabe pudo aclarar que tal estructura ceremonial pertenecía al Periodo de Desarrollos Regionales (2001-2002).*118 Atsushi Yamamoto (Universidad de Yamagata) en el sitio de Ingatambo (2006-2011),*119 Kazuo Terada (Universidad de Tokio) y sus colegas en el sitio de La Pampa (1969-1974)*120 y Yoshifumi Sato (Museo Nacional de Etnología) en el sitio de Palermo (2006-2008)*121 detectaron materiales y construcciones del Periodo del Imperio Inca. En Ecuador, Shuichi Odaira (Universidad de Tokai) está dirigiendo un proyecto de excavación en sitios incaicos como (Mirador de) Mullupungo y La Soledad durante varias temporadas (1995-2013), así como la prospección minuciosa en sus alrededores. Asimismo, desde el año 1996, Hisanori Morishita (Universidad de Tokai) ha participado en el proyecto. Como resultado, presentaron la hipótesis de la existencia de batallas a gran escala desde el Periodo del Imperio Inca hasta la época colonial, lo cual viene siendo reconfirmando arqueológicamente. A la par ejecutan una investigación etnográfica y estudian la historia y cultura de esa región desde diversos ángulos.*122

(continuación de página anterior) también por sus tejidos con diversos diseños, técnicas y colores. Si bien actualmente su estudio no es muy activo, en Pisquillo Chico, un sitio arqueológico urbano considerado como la ocupación más extensa entre los sitios de Chancay, Walter Tosso (Museo Amano) excavó parcialmente un sitio del Periodo Formativo Inicial durante el proyecto Las Shicras (2008). Eri Azami (Museo Nacional de Etnología) también efectuó excavaciones en el sitio arqueológico Saume (2009) y ha señalado que existen evidencias arqueológicas posiblemente relacionadas a varias actividades como festines en la cima de plataformas, así como la fabricación de tejidos y objetos de cobre en los recintos.*114

1958年以降の日本人による考古学調査
Investigaciones por arqueólogos japoneses desde el año 1958

*プロジェクトの実施年次（主として発掘調査）
*Años de ejecución de cada proyecto (principalmente excavación)

地域 Región		遺跡 / Sitio	年代 / Período
エクアドル ECUADOR		① ムユプンゴ、ラ・ソレダー / Mullupungo y La Soledad	2000s–2010s
ペルー PERÚ	トゥンベス Tumbes	② ガルバンサル、ペチチェ / Galbanzal y Pechiche	1960
	ランバイエケ Lambayeque	③ シカン、シアルーペ他 / Complejo Arqueológico Sicán, Huaca Sialupe, etc	1980–2010s
		④ カンパメント・デ・パレドーネス / Campamento de Paredones	1990s
		⑤ パンパ・グランデ / Pampa Grande	1970s
	カハマルカ Cajamarca	⑥ インガタンボ / Ingatambo	2000s
		⑦ パコパンパ / Pacopampa	2000s
		⑧ サンタ・デリア / Santa Delia	2000s
		⑨ コルギティン / Kolguitín	1980s
		⑨ エル・パラシオ / El Palacio	2000s
		⑨ バーニョス・デル・インカ / Baños del Inca	2000s
		⑨ ワカロマ / Huacaloma	1970s–1980s
		⑨ ライソン、ワイラポンゴ、ワカリス、アモシュルカ / Layzón, Wairapongo, Huacariz y Amoshulca	1980s
		⑩ セロ・ブランコ / Cerro Blanco	1980s
		⑩ クントゥル・ワシ / Kuntur Wasi	1980s–2000s
		⑪ マイチル / Maichil	1990s
		⑪ パレドーネス / Paredones	2000s
		⑫ ラ・ボンバ / La Bomba	1990s
		⑬ タンタリカ / Tantarica	2000s
		⑭ ラス・ワカス、モスキート他 / Las Huacas, Mosquito, etc.	2000s
	ラ・リベルタ La Libertad	⑮ リモンカルロ / Limoncarro	1990s
		⑯ ワカ・プルパール / Huaca Pulpar	1990s
	アンカシュ Ancash	⑰ ラ・パンパ / La Pampa	1970s
		⑱ ヤンガヌーコ、パタパタ、ケウシュ / Llanganuco, Patapata y Queushu	2000s
		⑲ セロ・ブランコ、ワカ・パルティーダ / Cerro Blanco y Huaca Partida	2000s
		⑳ ラス・アルダス / Las Haldas	1960s
	ワヌコ Huánuco	㉑ サハラパタク、ピキミナ、ワイラヒルカ / Sajarapatac, Piquimina y Wairajirca	1970s–1990s
		㉒ シヤコト、パウカルバンバ / Shillacoto, Paucarbamba etc.	1970s
		㉒ コトシュ / Kotosh	1960s
	リマ Lima	㉓ サウメ / Saume	2000s
		㉔ ラス・シクラス / Las Shicras	2000s
		㉕ パチャカマック / Pachacamac	2000s
	アヤクチョ Ayacucho	㉖ ワンカ・ハサ、タンタ・オルホ他 / Huanca Qasa, Tanta Orqo, etc.	2000s
		㉗ カンパナユック・ルミ / Campanayuq Rumi	2000s
	イカ Ica	㉘ ナスカの地上絵 / Líneas de Nasca	2000s
	クスコ Cusco	㉙ ビルカバンバ / Vilcabamba	2000s
		㉚ ウルピカンチャ / Urpicancha	2000s
	プーノ Puno	㉛ パレルモ / Palermo	2000s
ボリビア BOLIVIA		㉜ カリャマルカ、カンパタ / Callamarca y Canpata	2000s

調査遺跡の編年上の時期 / Posición cronológica de los sitios investigados

- 紀元前3000年－紀元前50年：形成期 / 3000-50 a.C.: Periodo Formativo
- 紀元前50年－600年：地方発展期 / 50 a.C.-600 d.C.: Periodo de Desarrollos Regionales
- 600－900年：ワリ期 / 600-900 d.C.: Periodo del Imperio Wari
- 900－1450年：地方王国期 / 900-1450 d.C.: Periodo de Estados Regionales
- 1450－1532年：インカ帝国期 / 1450-1532 d.C.: Periodo del Imperio Inca
- 紀元前3000年－紀元前1800年：形成期早期（古期末期） / 3000-1800 a.C.: Periodo Formativo Inicial (Periodo Arcaico Final)
- 紀元前1800年－紀元前1200年：形成期前期 / 1800-1200 a.C.: Periodo Formativo Temprano
- 紀元前1200年－紀元前800年：形成期中期 / 1200-800 a.C.: Periodo Formativo Medio
- 紀元前800年－紀元前250年：形成期後期 / 800-250 a.C.: Periodo Formativo Tardío
- 紀元前250年－紀元前50年：形成期末期 / 250-50 a.C.: Periodo Formativo Final

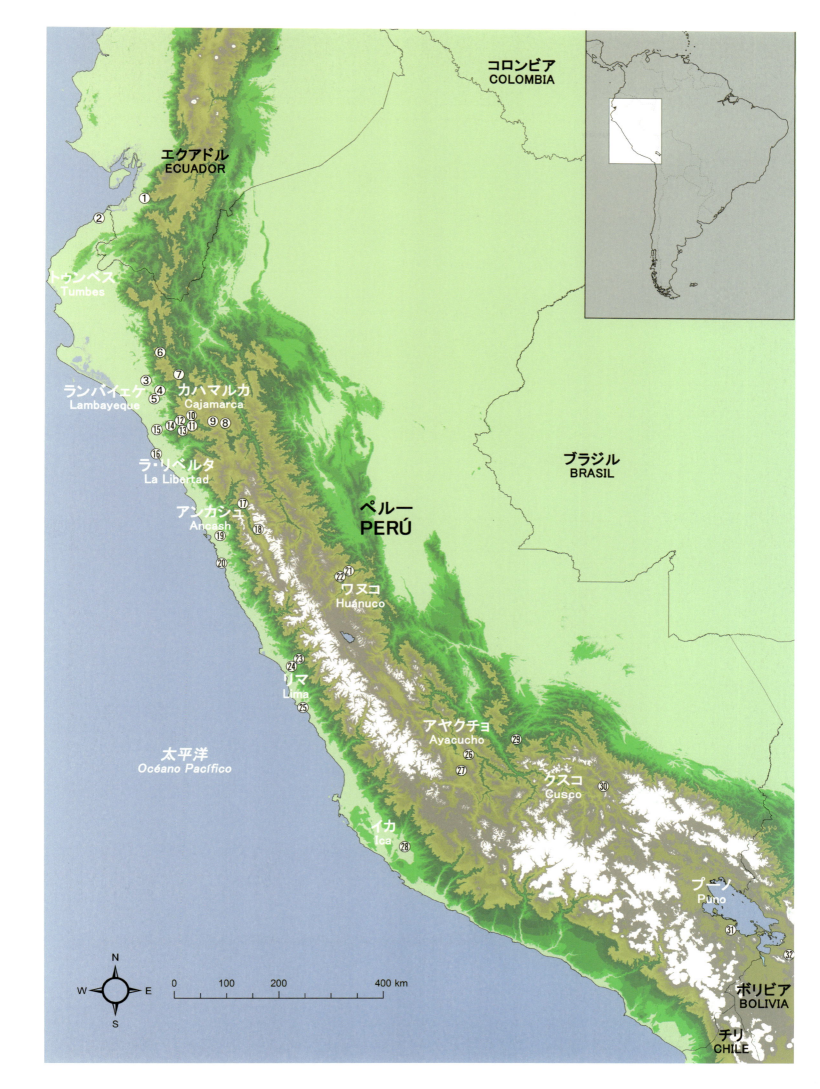

註
Notas

1 尾塩 1984; 稲村 2014.
2 野内 2015.
3 森下 1980.
4 藤本 1994.
5 寺田 1987.
6 大貫 2005; カウリケ 2005; 大貫, 加藤, 関編 2010; 在日ペルー大使館 2008.
7 天野 1975: 13.
8 天野 1941.
9 天野 1983.
10 1958 年『インカ帝国文化展』, 1961 年『インカ帝国黄金展』.
11 天野, 義井 1983.
12 尾塩 1984: 228.
13 稲村 2014; 野内 2015.
14 森谷 1980: 97-98, 日本経済新聞文化面への寄稿.
15 真嶋 1980: 280.
16 増田 1980: ii.
17 現代芸術研究所編 1976.
18 梅棹 1976.
19 泉 1972: 324.
20 石田他編 1960.
21 泉靖一「初めに神殿ありき」『朝日新聞』1966 年 9 月 21 付夕刊; 泉, 松沢 1967.
22 泉 1959, 1962, 1964 等.
23 欧文報告書: Izumi, Seiichi and Toshihiko Sono (eds.) 1963 *Excavations at Kotosh, Peru 1960.*; Izumi, Seiichi and Kazuo Terada (eds.) 1972 *Excavations at Kotosh, Peru, 1963 and 1966.*
24 曾野 1964.
25 鶴見 2013.
26 寺田 1977: 181-182.
27 泉, 寺田 1961. 欧文報告書: Izumi, Seiichi and Kazuo Terada 1966 *Excavations at Pechiche and Garbanzal, Tumbes Valley, Peru.*
28 寺田, 加藤 1977. 欧文報告書: Terada, Kazuo (ed.) 1979 *Excavations at La Pampa in the North Highland of Peru, 1975.*
29 大貫 1989. 欧文報告書: Terada, Kazuo and Yoshio Onuki (eds.) 1982 *Excavations at Huacaloma in the Cajamarca Valley, Peru 1979.*; 1985 *The Formative Period in the Cajamarca Basin, Peru: Excavations at Huacaloma and Layzón, 1982.*; 1988 *Las excavaciones en Cerro Blanco y Huacaloma, Cajamarca, Perú, 1985.*
30 寺田 1962, 1977.
31 寺田 1975.
32 1973 年『インカ帝国の秘宝展』, 1974 年『エル・ドラード展』, 1980 年『赤道直下の古代文明展』等.
33 島田 1992; 島田, 小野 1994; 小野編 1994; 島田他編 2009.
34 松本, 横山, 斎藤 1997; 横山, 松本, カリオン 1999; 横山, 松本, 吉田 2004.
35 加藤編 1999, 2002, 2007 等. 欧文報告書: Onuki, Yoshio (ed.) 1995 *Kuntur Wasi y Cerro Blanco: dos sitios del formativo en el Norte del Perú.*
36 鵜澤 2007; 清水, 加藤, 清水 2006; 関, 米田 2004; 鶴見, 吉田, 米田 2006; 峰 2002 等.
37 加藤, 関編 1998.
38 1992 年『アンデス黄金発掘展－クントゥル・ワシ遺跡の発掘展』, 1994 年『古代アンデス文明－クントゥル・ワシの黄金と神殿－展』. なお 2000 年に『クントゥル・ワシ神殿の発掘－アンデス最古の黄金芸術－』展.
39 大貫 1998, 2000; 関 2014a; 179-208.
40 小野編 1994.
41 関 2010 等.
42 坂井編 2008; 坂井 2014 等.
43 鶴見 2013.
44 大貫 2013.
45 広田 2009.
46 島田, 小野 1994: 137-147.
47 加藤, 関編 1998; 大貫, 加藤, 関編 2010; 関 2014b, 2014c.
48 芝田 2011.
49 松本 2013.
50 坂井 2003, 2005, 2008.
51 島田 1992: 60, 2009: 53-56; 島田, 小野 1994: 69-76, 222-230.
52 二宮書店 2014『データブック・オブ・ザ・ワールド 2014 年版 世界各国要覧と最新統計』p.93 を参照した.
53 平尾他 2002; 平尾, 関, 野村 2002.
54 関 2010.
55 日高他 2014.
56 松本 2013.
57 島田他編 2009.
58 横山, 松本, 吉田 2004.
59 井口 2006.
60 松本, 寺田 1983.
61 渡部 2005a, 2005b, 2007, 2009, 2010, 2014.

62 島田 1992 他 .
63 ヴァグナー 2009.
64 鶴見 2000.
65 天野 , 角山 , 寺田 1977.
66 現代芸術研究所編 1976.
67 中島 1985, 亀井編 2003.
68 鈴木 1999.
69 天野 , 角山 , 寺田 1977.
70 角山 1991.
71 梶谷 1982, 1991.
72 池田他 1992, 山辺 2009.
73 井上 2003, 2012; 笠作 , 斎藤 2004.
74 斎藤 2012, 2013, 2014.
75 東京大学総合研究博物館データベース文化人類部門 . なお UMUT での研究展開については鶴見 2012.
76 石田他編 1960: 191-197.
77 瀧上 2009.
78 浅見 2011.
79 関 2000: 52.
80 広田 2009.
81 トッソ 2007.
82 欧文報告書 : Izumi, Seiichi, Pedro J. Cuculiza and Chiaki Kano 1972 *Excavations at Shillacoto, Huanuco, Peru*.
83 松沢 1974.
84 大貫 , 藤井 : 1974.
85 28 参照 .
86 29 参照 .
87 欧文報告書 : Terada, Kazuo y Yoshio Onuki (eds.) 1988 *Las excavaciones en Cerro Blanco y Huacaloma, Cajamarca, Perú, 1985*.
88 井口 1998.
89 坂井他 2000.
90 坂井 2004, 2007.
91 鶴見 2004, 2005, 2009.
92 加藤編 2007.
93 荒田他 2010; 日高他 2014; 長岡他 2011; 関 2006, 2010.
94 山本 2007, 2012; 山本 , 伊藤 2013; 山本 , ペーニャ・マルティネス 2011.
95 井口他 2002; 井口他 2003; 松本 2010.
96 芝田 2004, 2011.
97 松本 2009, 2011, 2013.
98 島田 , 小野 1994: 69-76.
99 横山 , 松本 , 吉田 2004.
100 坂井 1996, 2014; 坂井編 2008.
101 佐藤 , マンリケ・バルディビア 2008.
102 中嶋 2009.
103 渡部 2007.
104 土井 2010, 2012.
105 渡部 2009, 2014.
106 島田 1992; 島田 , 小野 1994; 小野編 1994; 島田他編 2009.
107 エレーラ 2009, 在日ペルー大使館 2008: 48-51.
108 松本 , 横山 , 斎藤 1997; 横山 , 松本 , カリオン 1999.
109 横山 , 松本 , 吉田 2004.
110 坂井 1997, 2003.
111 松本 , 横山 , 斎藤 1997; 横山 , 松本 , カリオン 1999.
112 山本 2007; 山本 , ペーニャ・マルティネス 2011.
113 渡部 2005b.
114 浅見 2011.
115 欧文報告書 : Tokue, Sawako y Shigeyuki Kumai 2007a *El sitio incaico de Urpicancha: investigación arqueológica en el 2005*. 2007b *El sitio incaico de Urpicancha: investigación arqueológica en el 2006*.
116 坂井 2005, 2008.
117 渡部 2005b, 2010.
118 渡部 2005a.
119 山本 2007; 山本 , ペーニャ・マルティネス 2011.
120 欧文報告書 : Terada, Kazuo (ed.) 1979 *Excavations at La Pampa in the North Highland of Peru, 1975*.
121 佐藤 , マンリケ・バルディビア 2008.
122 大平 2004, 2005a, 2005b, 2006, 2008; 大平 , 森下 2013.

和文文献リスト
Referencia (en japonés)

本文中にて参照した主要な和文文献は以下の通りである。
Presentamos las obras citadas en el texto en japonés a continuación:

◆天野芳太郎
1941「マチュピチュ物語－インカの舊都が世に出るまで」天野芳太郎編『中南米の横顔（第4版）』pp. 198-210, 朝日新聞社.
1975「私とペルー古代文明」寺田和夫編『インカ文明とミイラ展』pp. 13-15, 読売新聞社.
1983（1943）『我が囚われの記』中央公論社.

◆天野芳太郎, 角山幸洋, 寺田和夫
1977『アンデスの染織　天野博物館染織図録』同朋舎.

天野芳太郎, 義井豊
1983『ペルーの天野博物館』（岩波グラフィックス15）岩波書店.

◆荒田恵, 関雄二, フアン・パブロ・ビジャヌエバ, マウロ・オルドーニェス, ディアナ・アレマン, ダニエル・モラーレス
2010「ペルー北部, パコパンパ遺跡出土遺物分析概報（2007－2010）－神殿における製作活動および儀礼活動についての一考察－」『古代アメリカ』13: 1-30.

◆浅見恵理
2011「ペルー中央海岸サウメ遺跡の発掘調査概要」『古代アメリカ』14: 101-110.

◆土井正樹
2010「ワリの祭祀建築の起源を求めて－ペルー, アヤクーチョ谷, ワンカ・ハサ遺跡のD字型建築－」『古代アメリカ』13: 103-114.
2012「先スペイン期アンデスにおける小集落経済への国家の関与－ワリ国家の首都と小集落との関係」染田秀藤, 関雄二, 網野徹哉編『アンデス世界－交渉と創造の力学』pp. 328-352, 世界思想社.

◆エレーラ, カルロス
2009「シカン国立博物館の役割と意義　ペルーと世界へ向けたシカン文化遺産の研究調査, 保存, 保護, 普及」島田泉, 篠田謙一, 小野雅弘, 美術出版社編『特別展　インカ帝国のルーツ　黄金の都シカン』pp. 382-388, TBSテレビ.

◆藤本英夫
1994『泉靖一伝』平凡社.

◆現代芸術研究所編
1976『現代に華開く古代アメリカの文化と美術』増田義郎監修, 財団法人森下美術館.

◆日高真吾, 関雄二, 橋本沙知, 椎野博
2014「アンデス文明形成期の金属製品の製作に関する一考察－クントゥル・ワシ遺跡およびパコパンパ遺跡出土の金属製品の蛍光X線分析の結果から－」『国立民族学博物館研究報告』38(2): 125-185.

◆平尾良光, 大西純子, 大貫良夫, 加藤泰建
1992「ペルー共和国, クントゥル・ワシ遺跡から出土した遺物の科学的調査」『考古学と自然科学』25: 13-30.

◆平尾良光, 関雄二, 野村裕子
2002「蛍光X線分析法によるクントゥル・ワシ遺跡出土金属製品の化学組成」加藤泰建編『アンデス先史の人類学的研究－クントゥル・ワシ遺跡の発掘－』（平成11-13年度科学研究費補助金〔基盤研究（A)(2)〕研究成果報告書）pp. 151-174.

◆広田健
2009「中央アンデス地域先土器時代後期の生業と社会－ペルー共和国ワカ・プルハール遺跡出土遺物の研究」『高梨財団学術奨励基金年報　平成20年度研究成果概要報告』pp. 150-155, 財団法人高梨学術奨励基金.

◆池田和子, 山辺寛史, 小野恵, 貫井則子, 水上嘉代子, 松村久代編
1992『遠山記念館所蔵品目録－III　中南米・アジア』財団法人遠山記念館.

◆稲村哲也
2014「『偉大な出会い』とその波紋」『天野博物館友の会会報』18: 4-9, 天野博物館友の会.

◆井口欣也
1998『ペルー北部形成期遺跡マイチリの発掘調査と遺跡保存のための事前調査（平成9年度高梨財団助成金調査・研究報告）』.
2007「クントゥル・ワシ遺跡出土の土器資料」加藤泰建編『先史アンデス社会の文明形成プロセス』（平成14-18年度科学研究費補助金〔基盤研究（S)〕研究成果報告書）pp. 59-90.

◆井口欣也, 大貫良夫, 鶴見英成, 松本雄一, アルバロ・ルイス
2002「ペルー, ワヌコ盆地一般調査概報」『古代アメリカ』5: 69-88.

◆井口欣也, 大貫良夫, 鶴見英成, 松本雄一, ネリ・マルテル・カスティーヨ
2003「ペルー, サハラパラク遺跡の発掘調査」『古代アメリカ』6: 35-52.

◆井上則子
2003「古代アンデス染織品における赤色染料の同定」『遠山記念館だより』24: 3-12.
2012「古代アンデス染織品における赤色染料の同定（第2報）～使用染料の変遷についてのまとめ～」『遠山記念館だより』44: 3-9.

◆石田英一郎, 泉靖一, 寺田和夫他編
1960『アンデス－東京大学アンデス地帯学術調査団1958年報告書』美術出版社.

◆泉靖一
1959『インカ帝国－砂漠と高山の文明－』岩波書店.
1962『インカの祖先たち』文藝春秋新社.
1971「遙かな山やま」新潮社.
1974『アンデスの芸術』中央公論美術出版.

◆泉靖一, 松沢亜生
1967「中央アンデスにおける無土器神殿文化－コトシュ・ミト期を中心にして」『ラテン・アメリカ研究』8: 39-69, ラテン・アメリカ協会.

◆泉靖一, 寺田和夫
1961「ペルー國トゥンベス川流域における若干の發掘」『人類学雑誌』68(4): 40-48.

◆梶谷宣子

1982「アンデスの染織」『染織の美』20: 9-96.
1991「古代アンデスの染織」増田義郎，島田泉編『古代アンデス美術』pp. 149-166, 岩波書店．

◆亀井孝一編
2003『アンデスの織り物三千年 中島章子追悼遺稿集』アンデス文明研究会．

◆笠作奈樹，斎藤昌子
2004「遠山記念館所蔵アンデス染織品の染料について」『共立女子大学家政学部紀要』50: 29-36.

◆加藤泰建編
1999『クントゥル・ワシ遺跡の発掘調査』(平成10年度科学研究費補助金(国際学術研究)研究成果報告書)．
2002『アンデス先史の人類学的研究－クントゥル・ワシ遺跡の発掘－』(平成11-13年度科学研究費補助金〔基盤研究（A）（2）〕研究成果報告書)．
2007『先史アンデス社会の文明形成プロセス』(平成14-18年度科学研究費補助金〔基盤研究（S）〕研究成果報告書)．

◆加藤泰建，関雄二編
1998『文明の創造力』角川書店．

◆カウリケ，ピーター
2005「日本人によるペルーの考古学研究の重要性」関雄二，木村秀雄編『歴史の山脈－日本人によるアンデス研究の回顧と展望－』(国立民族学博物館調査報告 55) pp. 29-40, 関雄二訳, 国立民族学博物館．

◆真嶋高徳
1980「森下美術館の原点を見る－古代インカの遺物に跪かれた会長－」森下精一伝編纂委員会編『森下精一伝』pp. 276-283, 中央公論事業出版．

◆増田義郎
1980「序文」森下精一伝編纂委員会編『森下精一伝』pp. i-iii, 中央公論事業出版．

◆松本亮三，寺田和夫
1983「カハマルカ文化伝統の編年－ペルー北部山地，カハマルカ盆地の発掘概報－」『東海大学文明研究所紀要』4: 19-41.

◆松本亮三，横山玲子，斎藤秀樹
1997「1996年度カンパメント・デ・パレドーネス遺跡発掘概報」『東海大学紀要文学部』67: 172(25)-148(49).

◆松本雄一
2009「カンパナユック・ルミとチャビン問題－チャビン相互作用圏の周縁からの視点－」『古代アメリカ』12: 65-94.
2010「ペルー，ワヤガ川上流域における形成期の再検討」『古代アメリカ』13: 1-30.
2011「チャビンとパラカス－ペルー中央高地南部及南海岸における地域間研究－」『古代アメリカ』14: 29-56.
2013「神殿における儀礼と廃棄－中央アンデス形成期の事例から－」『年報人類学研究』3: 1-41.

◆松沢亜生
1974「ラス・アルダス遺跡調査略報」『東京大学教養学部人文科学科紀要・文化人類学研究報告』2: 3-44.

◆峰和治
2002「クントゥル・ワシ遺跡出土人骨の形質所見」加藤泰建編『アンデス先史の人類学的研究－クントゥル・ワシ遺跡の発掘－』(平成11-13年度科学研究費補助金〔基盤研究（A）（2）〕研究成果報告書) pp. 123-138.

◆森谷常正
1980「森下精一伝」森下精一伝編纂委員会編『森下精一伝』pp. 1-143, 中央公論事業出版．

◆長岡朋人，森田航，関雄二，鵜澤和宏，井口欣也，フアン・パブロ・ビジャヌエバ，ディアナ・アレマン，マウロ・オルドーニェス，ダニエル・モラーレス
2011「ペルー，パコパンパ遺跡から出土した人骨の生物考古学的研究」『古代アメリカ』14: 1-27.

◆中島章子
1985「アンデス地帯の染織文化とその背景」『小原流芸術参考館所蔵 アンデスの染織と工芸品』pp. 105-136, 群馬県立近代美術館．

◆中嶋直樹
2009「ティティカカ湖盆地南岸の先スペイン期社会における公共建造物構築技法の考古学調査」『髙梨財団学術奨励基金年報 平成20年度研究成果概要報告』pp. 111-116, 財団法人髙梨学術奨励基金．

◆野内セサル良郎
2015「マチュピチュと野内与吉の物語」『ウロボロス』19(3): 5-6.

◆大平秀一
2004「エクアドル・ソレダー遺跡の発掘調査（第1次）」『古代アメリカ』7: 85-90.
2005a「インカ国家における人間の犠牲－ポルボラ・バハ遺跡の墓をめぐって－」貞末堯司編『マヤとインカ 王権の成立と展開』pp. 279-298, 同成社．
2005b「インカ国家の行政センター・エクアドル・ソレダー遺跡の発掘調査（第2次）」『古代アメリカ』8: 31-39.
2006「インカ国家の行政センター・エクアドル・ソレダー遺跡の発掘調査（第3次）」『古代アメリカ』9: 55-63.
2008「インカ北方領域における武力抗争」関雄二，染田秀藤編『他社の帝国 インカはいかにして「帝国」となったか』pp. 226-246, 世界思想社．

◆大平秀一，森下壽典
2013「エクアドル南部におけるインカ国家の研究－ムユプンゴ領域の発掘調査（2011）－」『古代アメリカ』16: 31-42.

◆小野雅弘編
1994『黄金の都シカン発掘展』増田義郎，山口敏，島田泉監修, TBS.

◆大貫良夫
1989「ペルー北高地カハマルカ盆地の形成期文化」『東京大学教養学部人文科学科紀要・文化人類学研究報告』5: 145-255.
1998「遺跡と現代」加藤泰建，関雄二編『文明の創造力』pp. 267-296, 角川書店．
2000『アンデスの黄金 クントゥル・ワシの神殿発掘記』中央公論新社．
2005「日本人によるアンデス先史学45年」関雄二，木村秀雄編『歴史の山脈－日本人によるアンデス研究の回顧と展望－』(国立民族学博物館調査報告 55) pp. 15-27, 国立民族学博物館．
2013「コインとレリーフ よみがえるコトシュ」『ウロボロス』18(1): 13.

◆大貫良夫，藤井龍彦

1974「ラ・パンパの発掘」『東京大学教養学部人文科学科紀要・文化人類学研究報告』2: 45-84.

◆大貫良夫, 加藤泰建, 関雄二編
2010『古代アンデス 神殿から始まる文明』朝日新聞出版.

◆尾塩尚
1984『天界航路 天野芳太郎とその時代』筑摩書房.

◆斎藤昌子
2012「古代アンデスの染織文化－ナスカ・チャンカイ文化期の織りと染め」『装道』1: 25-27.
2013「古代アンデスの染織文化－ナスカ・チャンカイ文化期の織りと染め－(1)」『共立女子大学家政学部紀要』59: 17-26.
2014「古代アンデスの染織文化－ナスカ・チャンカイ文化期の織りと染め－(2)」『共立女子大学家政学部紀要』60: 13-20.

◆坂井正人
1996「古代ナスカの空間構造－観測所, 山, 祭祀センター, 居住センター, 地上絵－」『リトルワールド研究報告』13: 37-55.
1997「図像と空間構造の系譜－古代アンデスにおける情報の統御システムをめぐって」『精神のエクスペディシオン』pp. 216-215, 東京大学出版会.
2003「チムー王都の空間構造－先スペイン期アンデスにおける情報の統御システム－」初期王権研究委員会編『古代王権の誕生 II東南アジア・南アジア・アメリカ大陸編』pp. 247-265, 角田文衞, 上田正昭監修, 角川書店.
2004「形成期神殿リモンカルロの建築活動」『古代アメリカ』7: 71-75.
2005「景観の構造と神話・儀礼の創作－インカ帝国の首都クスコをめぐって－」関雄二, 木村秀雄編『歴史の山脈－日本人によるアンデス研究の回顧と展望－』(国立民族学博物館調査報告 55) pp. 49-63, 国立民族学博物館.
2007「ヘケテペケ下流域における形成期神殿と社会の動態－リモンカルロ遺跡の発掘およびペルー北海岸一般調査より－」加藤泰建編『先史アンデス社会の文明形成プロセス』(平成14-18年度科学研究費補助金〔基盤研究(S)〕研究成果報告書) pp. 183-214.
2008「インカの太陽神殿コリカンチャ―首都クスコとビルカバンバの景観をめぐって」関雄二, 染田秀藤編『他社の帝国 インカはいかにして「帝国」となったか』pp. 205-225, 世界思想社.
2014「古代アンデス文明における環境変化とナスカ地上絵」青山和夫, 米延仁志, 坂井正人, 高宮広土編『マヤ・アンデス・琉球 環境考古学で読み解く「敗者の文明」』pp. 125-176, 朝日新聞出版.

◆坂井正人編
2008『ナスカ地上絵の新展開』山形大学出版会.

◆坂井正人, 徳江佐和子, 鶴見英成, 芝田幸一郎
2000「ペルー北海岸における考古学遺跡の一般調査」『山形大学歴史・地理・人類学論集』1: 51-91.

◆佐藤吉文, フーリオ・マンリケ・バルディビア
2008「パレルモ遺跡発掘調査報告 (2006-2008)」『古代アメリカ』11: 47-59.

◆関雄二
2000「解明された黄金の墓」日本経済新聞社編『クントゥル・ワシ神殿の発掘－アンデス最古の黄金芸術－』pp. 51-62, 大貫良夫, 加藤泰建, 関雄二監修, 日本経済新聞社.
2006『古代アンデス 権力の考古学』京都大学学術出版会.
2010「形成期社会における権力の生成－パコパンパ遺跡からの報告」大貫良夫, 加藤泰建, 関雄二編『古代アンデス 神殿から始まる文明』pp. 153-202, 朝日新聞出版.
2014a『アンデスの文化遺産を活かす 考古学者と盗掘者の対話』(フィールドワーク選書6) 臨川書店.
2014b「古代アンデス文明におけるモニュメントと社会」一瀬和夫, 福永伸哉, 北條芳隆編『古墳時代の考古学9 21世紀の古墳時代像』pp. 192-210, 同成社.
2014c「古代アンデスにおける神殿の『はじまり』 モノをつくりモノに縛られる人々」池内了編『「はじまり」を探る』pp. 127-140, 東京大学出版会.

◆関雄二, 米田穣
2004「ペルー北高地の形成期における食性の復元－炭素・窒素同位体分析による考察－」『国立民族学博物館研究報告』28(4): 515-537.

◆芝田幸一郎
2004「ペルー, ネペーニャ河谷セロ・ブランコ遺跡の第一次発掘調査」『古代アメリカ』7: 1-18.
2011『ペルー北部中央海岸ネペーニャ谷からみたアンデス形成期社会の競合モデル－神殿, 集う人々, 旅する指導者』東京大学大学院総合文化研究科超域文化科学専攻博士論文.

◆島田泉
1992「先スペイン期後期の海岸の諸国家」ラウラ・ラウレンチック・ミネリ編著『インカ帝国歴史図版 先コロンブス期ペルーの発展, 紀元1000～1534年』pp. 49-110, 増田義郎, 竹内和世訳, 東洋書林.
2009「シカン文化とは何か－その発展, 特徴, 遺産－」島田泉, 篠田謙一, 小野雅弘, 美術出版社編『特別展 インカ帝国のルーツ 黄金の都シカン』pp. 25-61, TBSテレビ.

◆島田泉, 小野雅弘
1994『黄金の都シカンを掘る』朝日新聞社.

◆島田泉, 篠田謙一, 小野雅弘, 美術出版社編
2009『特別展 インカ帝国のルーツ 黄金の都シカン』TBSテレビ.

◆清水正明, 加藤泰建, 清水マリナ
2007「クントゥル・ワシ遺跡より出土したソーダライト製品の原産地同定」加藤泰建編『先史アンデス社会の文明形成プロセス』(平成14-18年度科学研究費補助金〔基盤研究(S)〕研究成果報告書) pp. 159-168.

◆曾野寿彦
1964『発掘 遺跡をして語らせる』中公新書.

◆鈴木三八子
1999『アンデスの染織技法 織技と組織図』紫紅社.

◆瀧上舞
2009『ミイラ軟部組織の同位体分析による食性の経時的変化の研究の研究～ペルー共和国 Pachacamac 遺跡出土ミイラの出自と地下墓利用年代の考察～』東京大学大学院新領域創成科学研究科修士論文.

◆角山幸洋
1991「中央アンデスの染織文化」天理大学, 天理教道友社編『アンデス

の染織』(ひとものこころ 天理大学附属天理参考館所蔵 第3期第4巻) pp. 8-11, 岩田慶治, 大林太良, 佐々木高明監修, 天理教道友社.

◆寺田和夫

1962『アンデス教養旅行』東京大学出版会.

1975『日本の人類学』思索社.

1977『アンデス一人歩き』日本経済新聞社.

◆寺田和夫, 加藤泰建

1977「ペルー国北部山地ラ・パンパ遺跡の形成期土器(1975年度発掘報告)」『人類学雑誌』85(2): 131-152.

◆寺田容子編

1987『故寺田和夫博士文抄・アンデスの人と世界』東京大学出版会.

◆トッソ・モラーレス, ワルテル

2007「先土器時代の神殿シクラス－チャンカイ谷, ペルー－」『チャスキ』34: 16-22.

◆鶴見英成

2000「中央アンデス形成期における鐙型ボトル成形プロセス」『古代アメリカ』3: 53-66.

2004「ペルー, ヘケテペケ川中流域の形成期社会の研究－2003年度ラス・ワカス遺跡発掘調査と一般調査」『古代アメリカ』7: 19-31.

2005「先史アンデス文明形成期における社会統合過程－ヘケテペケ川中流域の事例より－」貞末堯司編『マヤとインカ 王権の成立と展開』pp. 225-236, 同成社.

2009「そして9つの神殿が残った－ペルー北部, アマカス複合遺跡の編年研究－」『古代アメリカ』12: 39-64.

2012「砂漠のワードローブ 古代アンデス織物の年代測定」吉田邦夫編『アルケオメトリア 考古遺物と美術工芸品を科学の眼で透かし見る』pp. 261-274, 東京大学総合研究博物館.

2013「2つの神殿, 3つのかけら－東大アンデス考古学のかたち－」『ウロボロス』18(3): 11-12.

◆鶴見英成, 吉田邦夫, 米田穣

2007「クントゥル・ワシ遺跡の年代的位置」加藤泰建編『先史アンデス社会の文明形成プロセス』(平成14-18年度科学研究費補助金〔基盤研究(S)〕研究成果報告書) pp. 49-58.

◆梅棹忠夫

1976「図録刊行を祝して」現代芸術研究所編『現代に華開く古代アメリカの文化と美術』所収, 増田義郎監修, 財団法人森下美術館.

◆鵜澤和宏

2007「先史アンデスにおけるラクダ科家畜の拡散」印東道子編『生態資源と象徴化』(資源人類学07) pp. 99-128, 弘文堂.

◆ヴァグナー, ウルセル

2009「中期シカン土器:物理学の先端技術を用いた研究」島田泉, 篠田謙一, 小野雅弘, 美術出版社編『特別展 インカ帝国のルーツ 黄金の都シカン』pp. 350-355, TBSテレビ.

◆渡部森哉

2005a「カハマルカ文化再考」貞末堯司編『マヤとインカ 王権の成立と展開』pp. 237-251, 同成社.

2005b「ペルー北部高地, タンタリカ遺跡第三次発掘調査－2004年－」『古代アメリカ』8: 51-70.

2007「ペルー北部高地, パレドネス遺跡の発掘調査－2006年」『古代アメリカ』8: 67-98.

2009「ペルー北部高地エル・パラシオ遺跡の第一次発掘調査, 2008年」『古代アメリカ』12: 123-139.

2010『インカ帝国の成立－先スペイン期アンデスの社会動態と構造』春風社.

2014「ワリ帝国の行政センターと地方統治－ペルー北部高地エル・パラシオ遺跡の事例－」『古代アメリカ』17: 25-52.

◆山本睦

2007「ペルー北部地域, インガタンボ遺跡第一次発掘調査」『古代アメリカ』10: 51-66.

2012『先史アンデス形成期の社会動態－ペルー北部ワンカバンバ川流域社会における社会成員の活動と戦略から－』総合研究大学院大学文化科学研究科比較文化学専攻博士論文.

◆山本睦, 伊藤裕子

2013「ペルー北部とエクアドル南部における形成期の地域間ルートと地域間交流－考古遺物の比較分析とGISによる加重コストルート分析を用いて」『古代アメリカ』15: 1-30.

山本睦, ホセ・ルイス・ペーニャ・マルティネス

2011「ペルー北部地域, インガタンボ遺跡第三次発掘調査」『古代アメリカ』14: 89-100.

◆山辺寛史

2009「古代アンデス文明出土染織品の年代特定と使用獣毛同定の試み」『民族芸術』25: 127-134.

◆横山玲子, 松本亮三, ルセニダ・カリオン

1999「後期中間期におけるチョンゴヤペ地域の発展と冶金活動－ペルー北部, カンパメント・デ・パレドーネス遺跡の発掘を通じて」『古代アメリカ』2: 1-38.

◆横山玲子, 松本亮三, 吉田晃章

2004「ペルー北高地ヤンガヌーコ遺跡発掘調査概報2001-2003－アンデス北高地における先スペイン期の金山開発」『古代アメリカ』7: 91-100.

◆在日ペルー大使館

2008『ペルーにおける日本人の考古学貢献の半世紀』在日ペルー大使館.

黄金郷を彷徨う──アンデス考古学の半世紀

編者：西野嘉章＋鶴見英成
監修：『黄金郷を彷徨う──アンデス考古学の半世紀』展実行委員会
デザイン：西野嘉章＋関岡裕之
写真：東京大学総合研究博物館
発行日：2015年1月24日
発行：東京大学総合研究博物館
発売：一般財団法人 東京大学出版会
　　　153-0041 東京都目黒区駒場 4-5-29　電話：03 6407 1069
印刷・製本：秋田活版印刷株式会社
©2015 Intermediatheque（IMT）
ISBN 978-4-13-023068-1　Printed in Japan

Deambulantes en El Dorado: medio siglo de arqueología andina por los japoneses

Editors: Yoshiaki Nishino + Eisei Tsurumi
Supervision: Comité de organización de exhibición "Deambulantes en El Dorado: medio siglo de arqueología andina por los japoneses"
Design: Yoshiaki Nishino + Hiroyuki Sekioka
Photography: The University Museum, the University of Tokyo (UMUT)
Date of Publication: January 24, 2015
Publication: The University Museum, the University of Tokyo (UMUT)
Distribution: The University of Tokyo Press
Printing: Akita Kappan Printing
© Intermediatheque (IMT)
ISBN 978-4-13-023068-1 Printed in Japan